LLC

PARA PRINCIPIANTE

El manual más completo e intuitivo para crear, gestionar y mantener su sociedad limitada.

Carlos Martínez

© Copyright 2024 - Todos los derechos reservados.

El contenido de este libro no puede ser reproducido, duplicado o transmitido sin el permiso directo por escrito del autor o del editor.

Bajo ninguna circunstancia se podrá culpar o responsabilizar legalmente a la editorial, o al autor, por cualquier daño, reparación o pérdida monetaria debida a la información contenida en este libro. Ya sea directa o indirectamente.

Aviso legal:
Este libro está protegido por derechos de autor. Este libro es sólo para uso personal. No puede modificar, distribuir, vender, utilizar, citar o parafrasear ninguna parte o el contenido de este libro sin el consentimiento del autor o del editor.

Aviso de exención de responsabilidad:
Tenga en cuenta que la información contenida en este documento es sólo para fines educativos y de entretenimiento. Se ha hecho todo lo posible por presentar una información precisa, actualizada, fiable y completa. No se declaran ni se implican garantías de ningún tipo. Los lectores reconocen que el autor no ofrece asesoramiento jurídico, financiero, médico o profesional. El contenido de este libro procede de diversas fuentes. Consulte a un profesional autorizado antes de poner en práctica las técnicas descritas en este libro.

Al leer este documento, el lector acepta que, bajo ninguna circunstancia, el autor es responsable de cualquier pérdida, directa o indirecta, en la que se incurra como resultado del uso de la información contenida en este documento, incluyendo, pero no limitado a, - errores, omisiones o inexactitudes.

ÍNDICE

Introducción..5

Capítulo 1: Las sociedades de responsabilidad limitada..................7

- Definición de Sociedad de Responsabilidad Limitada....................7
- Antecedentes históricos y evolución de las LLC...........................9
- Comparación con otras estructuras empresariales (empresa individual, sociedad colectiva, sociedad anónima).......................11
- Ventajas y limitaciones de una LLC..16

Capítulo 2: Constitución de una LLC..19

- Guía paso a paso para constituir una sociedad de responsabilidad limitada..19
- Documentos necesarios y dónde presentarlos............................21
- Comprender los requisitos específicos de su estado....................24
- Elegir un nombre para su LLC..26
- Designación de un representante autorizado.............................29
- La importancia de un acuerdo de explotación............................31

Capítulo 3: Gestión de su sociedad de responsabilidad limitada..36

- Funciones y responsabilidades de los miembros y administradores de la LLC..36
- Procesos diarios de gestión y toma de decisiones.......................39
- Gestión financiera, incluida la apertura de una cuenta bancaria empresarial..41
- Gestionar los impuestos como LLC...44
- Mantenimiento de registros y documentación de cumplimiento 47

Capítulo 4: Hacer crecer su LLC..54

- Estrategias para crecer y ampliar su empresa............................54

- Opciones de financiación para las LLC..........56
- Contratación de empleados y gestión de nóminas..........59
- Estrategias de marketing y marca..........69

Capítulo 5: Protección de su sociedad de responsabilidad limitada..........80

- Mantener el estatus legal de su LLC..........80
- Informes anuales y otros requisitos de cumplimiento..........88
- Gestión de riesgos mediante seguros..........97
- Cómo gestionar los litigios..........100

Capítulo 6: Transición o finalización de su LLC..........103

- Cómo ampliar, vender o disolver correctamente una LLC..........103
- Planificación de la sucesión de los miembros de la LLC..........106
- Procesos de liquidación y disolución..........108

Apéndices..........111

- Recursos y contactos específicos de cada Estado..........111
- Plantillas y muestras..........114
- Glosario de términos..........117
- Herramientas y recursos recomendados para gestionar una LLC..........119

Conclusión..........123

- Recapitulación de la importancia de las LLC..........123
- Ánimo para dar el salto con confianza..........124
- Consejos finales y buenas prácticas..........126

INTRODUCCIÓN

Bienvenido a la "Guía para principiantes de las Sociedades de Responsabilidad Limitada: El manual más completo y fácil de seguir sobre cómo constituir, gestionar y mantener su sociedad de responsabilidad limitada". Tanto si es usted un empresario en ciernes que sueña con montar su propio negocio como si es un nuevo propietario de empresa que navega por las complejidades del mundo corporativo, este libro está diseñado para ser su hoja de ruta. El camino hacia la propiedad de un negocio es apasionante, pero sin los conocimientos y recursos adecuados, también puede ser desalentador. Ahí es donde entramos nosotros.

Elegir la estructura adecuada para su empresa es una de las primeras y más cruciales decisiones que tomará. Afecta a todo, desde cómo declara sus impuestos hasta su responsabilidad personal en la empresa. Entre las distintas opciones disponibles, la Sociedad de Responsabilidad Limitada (LLC) ha surgido como una opción popular para muchos empresarios por su flexibilidad, sus ventajas fiscales y, lo que es más importante, la protección de los activos personales.

Pero, ¿qué es exactamente una LLC? ¿Cómo funciona y por qué puede ser la mejor opción para su empresa? Este libro responderá a estas y otras preguntas. Empezaremos desmitificando el concepto de LLC, explicando sus ventajas y limitaciones, y cómo se comparan con otras estructuras empresariales. Le guiaremos a través del proceso de constitución de su propia LLC, su gestión eficaz y la garantía de su crecimiento y sostenibilidad. También hablaremos de cómo proteger su LLC, mantenerla en conformidad con las leyes estatales y, finalmente, cómo hacer la transición o disolverla si surge la necesidad.

Este manual está pensado para principiantes. Cada término, cada proceso y cada estrategia se ha desglosado en los términos más sencillos para garantizar su fácil comprensión. No es necesario tener conocimientos jurídicos o de gestión empresarial para seguirlo. Todo lo que necesita es la visión de su empresa y la voluntad de aprender.

En los capítulos siguientes, le proporcionaremos instrucciones paso a paso, consejos prácticos y listas de comprobación que le ayudarán a recorrer el camino de la propiedad de una LLC. Desde la constitución de la LLC, la elección del nombre y la presentación de los documentos, hasta la gestión de las finanzas, la contratación de empleados y la planificación del crecimiento.

Nuestro objetivo no es sólo informar, sino también capacitar. Al final de este libro, no sólo conocerá a fondo las sociedades de responsabilidad limitada, sino que tendrá la confianza necesaria para poner en marcha y gestionar su empresa con éxito. Emprendamos juntos este viaje y hagamos realidad sus sueños empresariales.

¡Bienvenido a bordo!

CAPÍTULO 1:
Las sociedades de responsabilidad limitada

Definición de Sociedad de Responsabilidad Limitada (LLC)

En esencia, una Sociedad de Responsabilidad Limitada, o LLC, es una estructura empresarial permitida por la legislación estatal que combina la flexibilidad de una sociedad con la protección de la responsabilidad de una corporación. Esta combinación única la convierte en una opción atractiva para muchos empresarios. Analicemos lo que esto significa realmente y por qué es importante para usted como aspirante o actual propietario de un negocio.

1. **Una estructura híbrida:** La LLC suele describirse como una estructura empresarial híbrida. Es híbrida porque toma prestados elementos tanto de las estructuras societarias como de las corporativas. Al igual que una sociedad anónima, una LLC ofrece a sus propietarios, conocidos como miembros, una protección de responsabilidad personal. Esto significa que si la LLC se enfrenta a la quiebra o a demandas judiciales, los activos personales de los miembros (como cuentas bancarias personales, coches o casas) suelen estar protegidos. Por otro lado, al igual que las sociedades colectivas, las LLC ofrecen flexibilidad en la gestión y la ventaja de la transferencia de impuestos, en la que profundizaremos en secciones posteriores.

2. **Protección de la responsabilidad:** Una de las principales razones por las que los empresarios eligen la estructura de LLC es la protección de responsabilidad que ofrece. Esta protección garantiza que los miembros no sean personalmente responsables de las deudas y obligaciones de la empresa más allá de su inversión en la LLC. Por ejemplo, si su LLC debe dinero a los acreedores o se enfrenta a un pleito, sus activos personales suelen estar protegidos para que no se utilicen para cubrir esas deudas.

Esta protección no es absoluta, pero ofrece una seguridad significativa en comparación con el funcionamiento como empresa unipersonal o sociedad colectiva, donde los propietarios y la empresa se consideran legalmente la misma entidad.

3. **Flexibilidad en la gestión y las operaciones**: A diferencia de las sociedades anónimas, que están obligadas a tener un consejo de administración y adherirse a estructuras operativas rígidas, las LLC ofrecen flexibilidad. Los socios pueden gestionar la LLC o pueden nombrar administradores que se encarguen de las operaciones cotidianas. Esto puede ser especialmente ventajoso para las empresas que prefieren una estructura menos formal o para las que tienen un único propietario.

4. **Impuestos transferidos**: Una de las ventajas más significativas de una LLC es la forma en que se grava. Por defecto, las LLC son tratadas como entidades de "traspaso" a efectos fiscales. Esto significa que la propia empresa no paga impuestos sobre la renta. En su lugar, los beneficios y las pérdidas se transfieren a los socios, que declaran estos ingresos en sus impuestos personales. Esta estructura evita la doble imposición que suele asociarse a las sociedades anónimas, en las que la empresa paga el impuesto de sociedades y los accionistas también pagan el impuesto sobre los dividendos.

5. **Normas estatales específicas**: Es importante tener en cuenta que, aunque las LLC se rigen por estatutos estatales, las normas y requisitos específicos pueden variar significativamente de un estado a otro. Al constituir una LLC, deberá cumplir la normativa del estado en el que opere su empresa. Esto puede incluir diferencias en los documentos de constitución, los requisitos de información anual y las obligaciones fiscales.

En resumen, una LLC ofrece una combinación de protección de la responsabilidad, flexibilidad de gestión y tratamiento fiscal favorable, lo que la convierte en una opción atractiva para muchos empresarios. No obstante, la decisión de constituir una LLC debe basarse en un examen minucioso de las necesidades, objetivos y circunstancias específicas de su empresa. En la siguiente sección, profundizaremos en los antecedentes históricos y la evolución de las LLC, ayudándole a comprender cómo esta estructura empresarial se ha convertido en una opción popular para los empresarios de todo Estados Unidos.

Antecedentes históricos y evolución de las LLC

El concepto de Sociedad de Responsabilidad Limitada (LLC) en Estados Unidos es relativamente nuevo en comparación con otras estructuras empresariales como las sociedades anónimas y las sociedades colectivas. Comprender la historia y la evolución de la LLC puede aportar información valiosa sobre por qué se ha diseñado de la forma en que se hace hoy en día y su creciente popularidad entre los empresarios.

1. **Surgimiento de la LLC**: La LLC como estructura empresarial surgió por primera vez en Wyoming en 1977. Se creó como respuesta a las necesidades de los propietarios de empresas que buscaban una estructura que ofreciera la protección de la responsabilidad de una sociedad anónima con las ventajas fiscales y la flexibilidad operativa de una sociedad colectiva. La idea era crear una entidad empresarial adecuada para pequeñas y medianas empresas cuyos propietarios quisieran proteger sus activos personales sin las formalidades y complejidades fiscales asociadas a las sociedades anónimas.

2. **Adopción en todos los estados:** Después de que Wyoming introdujera la LLC, el concepto tardó varios años en imponerse. A finales de la década de 1980 y principios de la de 1990, el Servicio de Impuestos Internos (IRS) aclaró el tratamiento fiscal de las LLC, tratándolas como entidades canalizadoras a menos que optaran por tributar como sociedades. Esta aclaración

desempeñó un papel importante en el aumento de la popularidad de las LLC. En 1996, los 50 estados y el Distrito de Columbia habían promulgado leyes que permitían la constitución de LLC.

3. **La Ley Uniforme de Sociedades de Responsabilidad Limitada (ULLCA)**: En un esfuerzo por estandarizar la legislación sobre LLC en todos los estados y facilitar que las sociedades operen en múltiples jurisdicciones, la Conferencia Nacional de Comisionados sobre Leyes Estatales Uniformes redactó por primera vez la Ley Uniforme de Sociedades de Responsabilidad Limitada (ULLCA) en 1996, con una importante revisión en 2006. Aunque no todos los estados han adoptado la ULLCA en su totalidad, muchos han basado sus estatutos de LLC en sus principios, lo que ha dado lugar a un cierto grado de uniformidad en la forma de constituir y operar las LLC en todo el país.

4. **Evolución de la interpretación jurídica**: A lo largo de los años, la interpretación jurídica de las LLC ha seguido evolucionando. Los tribunales han abordado numerosas cuestiones relativas a los derechos y responsabilidades de los miembros, la estructura de gestión de las LLC y el alcance de la protección de la responsabilidad ofrecida. Estas sentencias han ido dando forma a la LLC hasta convertirla en una sólida estructura empresarial que equilibra la necesidad de flexibilidad con la necesidad de proteger los intereses de los miembros.

5. **La popularidad de las LLC en la actualidad**: Hoy en día, la LLC es una de las opciones más populares para las nuevas empresas en Estados Unidos. Su flexibilidad, ventajas fiscales y características de protección la convierten en una opción atractiva para una amplia gama de empresas. Desde las LLC unipersonales gestionadas por empresarios en solitario hasta las LLC pluripersonales dedicadas a actividades comerciales significativas,

la estructura de la LLC satisface una amplia gama de necesidades y objetivos empresariales.

La historia de la LLC en Estados Unidos refleja su papel como estructura jurídica dinámica y adaptable diseñada para satisfacer las necesidades cambiantes de las empresas. Su introducción relativamente reciente y su rápida aceptación ponen de manifiesto la demanda de una entidad empresarial que combine los mejores aspectos de las sociedades anónimas y las sociedades colectivas. A medida que avancemos, es probable que la LLC siga adaptándose, ofreciendo una opción flexible y eficiente a los empresarios que navegan por las complejidades de la economía moderna.

Comparación con otras estructuras empresariales

Comprender las diferencias clave entre una Sociedad de Responsabilidad Limitada (LLC) y otras estructuras empresariales es crucial para cualquier empresario. Esta comparación puede ayudarle a tomar una decisión informada sobre qué estructura se adapta mejor a las necesidades, objetivos y estilo operativo de su empresa. Veamos en qué se diferencian las LLC de las sociedades unipersonales, las sociedades colectivas y las sociedades anónimas.

1. **Empresario individual:**
    - **Responsabilidad:** Los empresarios individuales son personalmente responsables de todas las las deudas y obligaciones de la empresa. Esto significa que los bienes personales corren peligro si la empresa no puede pagar sus deudas.
    - **Fiscalidad:** Los ingresos y las pérdidas se declaran en la declaración de la renta personal del propietario, y los beneficios están sujetos a impuestos de autónomo.
    - **Gestión y operaciones:** Las sociedades unipersonales son sencillas de constituir y gestionar, por lo que resultan atractivas para las empresas pequeñas y de bajo riesgo.

- **Requisitos de constitución y cumplimiento:** Requisitos legales mínimos para la constitución y el cumplimiento continuo.

2. **Asociación:**
   - **Tipos:** Sociedades Colectivas (SC), en las que todos los socios comparten la responsabilidad y las tareas de gestión, y Sociedades Comanditarias (SC), en las que al menos uno de los socios tiene responsabilidad limitada y control limitado sobre la empresa.
   - **Responsabilidad:** En las sociedades regulares colectivas, todos los socios son personalmente responsables de las deudas de la empresa. En las LP, los socios comanditarios están protegidos hasta el límite de su inversión en la sociedad.
   - **Fiscalidad:** Las sociedades colectivas son entidades canalizadoras, lo que significa que los ingresos de la empresa pasan a las declaraciones de impuestos personales de los socios.
   - **Gestión y operaciones:** Las asociaciones requieren un acuerdo de asociación que defina las funciones y responsabilidades de cada socio.

3. **Corporación (Corporación C y Corporación S):**
   - **Responsabilidad:** Los accionistas tienen responsabilidad limitada, lo que significa que no son personalmente responsables de las deudas y obligaciones de la empresa.
   - **Fiscalidad:** Las sociedades C están sujetas al impuesto de sociedades, y los dividendos distribuidos a los accionistas se gravan de nuevo a nivel individual (doble imposición). Las sociedades de tipo S son entidades de transferencia, que evitan la doble imposición, pero deben cumplir estrictos criterios de elegibilidad.

- **Gestión y operaciones:** Las empresas tienen una estructura formal, que incluye un consejo de administración, directivos y accionistas. Están sujetas a requisitos normativos y de cumplimiento más rigurosos.
- **Requisitos de constitución y cumplimiento:** La constitución de una **sociedad** implica procesos más complejos y costosos, como la presentación de estatutos, la aprobación de reglamentos y la celebración de reuniones periódicas del consejo de administración y de las juntas de accionistas.

LLC frente a otras estructuras:

Sociedades de responsabilidad limitada frente a sociedades unipersonales:

- **Responsabilidad:** Las sociedades unipersonales no separan los activos personales de los de la empresa, lo que significa que los activos personales corren peligro si la empresa se enfrenta a deudas o acciones legales. Por el contrario, las LLC ofrecen una separación clara, protegiendo los activos personales de las responsabilidades empresariales.
- **Fiscalidad:** Ambas estructuras se benefician de la tributación directa, lo que evita el impuesto de sociedades. Sin embargo, los propietarios únicos pagan impuestos de autoempleo sobre todos los beneficios empresariales, mientras que los miembros de la LLC pueden reducir potencialmente esta carga eligiendo el tratamiento fiscal de S Corporation.
- **Constitución y cumplimiento:** Las empresas unipersonales son increíblemente sencillas de constituir, y a menudo no requieren registro formal si operan a nombre del propietario. Las LLC, aunque más complejas,

ofrecen importantes ventajas en términos de protección jurídica y credibilidad en el mercado.

LLC frente a sociedades personalistas:

- **Responsabilidad:** En las sociedades colectivas, los socios comparten la responsabilidad de las deudas de la empresa, lo que puede poner en peligro los activos personales. Las LLC protegen los activos personales de los socios y ofrecen un marco más seguro para gestionar una empresa con varios propietarios.
- **Gestión y operaciones:** Las sociedades colectivas funcionan sobre la base de acuerdos entre los socios, lo que puede ofrecer flexibilidad pero también dar lugar a disputas. Las LLC se benefician de un marco de gestión estructurado a través de su Acuerdo Operativo, que ofrece claridad y estabilidad.
- **Fiscalidad:** Ambas estructuras suelen estar sujetas a una fiscalidad directa. Sin embargo, las sociedades colectivas pueden requerir acuerdos más complejos para distribuir los beneficios y las pérdidas, mientras que las LLC ofrecen opciones más sencillas para la gestión financiera.

LLC frente a sociedades anónimas:

- **Responsabilidad:** Las corporaciones, al igual que las LLC, ofrecen protección de responsabilidad limitada. Sin embargo, la estructura corporativa es más rígida, por lo que las LLC suelen resultar más atractivas para quienes buscan protección y flexibilidad.
- **Fiscalidad:** Las sociedades se enfrentan a una posible doble imposición, una a nivel corporativo y otra sobre los dividendos. Las LLC evitan esta doble imposición mediante la tributación indirecta, con la opción de que sus

miembros elijan el impuesto de sociedades si ello les reporta ventajas.
- **Gestión y operaciones:** Las sociedades anónimas están obligadas a tener un consejo de administración, celebrar reuniones anuales y cumplir otros requisitos normativos, por lo que son menos flexibles que las LLC. La estructura de LLC permite a sus miembros adaptar sus prácticas operativas y de gestión a sus necesidades.
- **Constitución y cumplimiento:** La constitución de una sociedad implica más pasos, como la emisión de acciones, la creación de un consejo de administración y el cumplimiento de requisitos más estrictos. Las LLC ofrecen una vía más sencilla para la constitución y el cumplimiento continuo de la normativa, adaptada a las necesidades de las empresas más pequeñas o flexibles.

Consideraciones estratégicas para los empresarios

A la hora de decidir entre una LLC y otras estructuras, los empresarios deben tener en cuenta:
- **Objetivos a largo plazo:** La flexibilidad de una LLC la hace adecuada para empresas que prevén cambios de tamaño, estructura u operaciones.
- **Normas del sector:** Algunos sectores se inclinan por determinadas estructuras empresariales debido a entornos normativos o prácticas tradicionales.
- **Necesidades de inversión:** Si busca inversores externos, considere las implicaciones de la estructura de su empresa en las oportunidades de inversión. Algunos inversores prefieren las sociedades anónimas para emitir acciones.
- **Disposición administrativa:** La sencillez de las sociedades unipersonales o colectivas puede resultar atractiva para quienes buscan una carga administrativa mínima, pero ello conlleva importantes contrapartidas en cuanto a responsabilidad y ventajas fiscales.

En resumen, las LLC destacan por su capacidad para combinar la protección de la responsabilidad y las ventajas organizativas de una sociedad anónima con las ventajas fiscales y la flexibilidad operativa de estructuras más sencillas. Esto hace que las LLC resulten especialmente atractivas para muchos empresarios. Sin embargo, la mejor opción varía en función de las circunstancias empresariales individuales, los objetivos y el panorama normativo del sector específico.

Ventajas y limitaciones de una LLC

A la hora de plantearse constituir una sociedad de responsabilidad limitada (LLC), es fundamental sopesar sus ventajas y posibles inconvenientes. Esta perspectiva equilibrada le ayudará a tomar una decisión informada sobre si una LLC es la estructura adecuada para su negocio. Profundicemos en las ventajas y limitaciones de una LLC.

Ventajas de una LLC

1. **Responsabilidad personal limitada:** Una de las ventajas más significativas de una LLC es la protección que ofrece a los activos personales de sus miembros. Los miembros no suelen ser personalmente responsables de las deudas y obligaciones de la empresa. Esto significa que los activos personales, como casas, coches y ahorros, permanecen protegidos si la LLC incurre en deudas o es demandada.

2. **Flexibilidad fiscal:** Por defecto, las LLC se benefician de la tributación de transferencia, lo que significa que los beneficios y las pérdidas de la empresa pasan a las declaraciones de impuestos personales de los socios, evitando así la doble imposición a la que se enfrentan las sociedades anónimas. Además, las LLC pueden optar por tributar como sociedades anónimas si les resulta más beneficioso.

3. **Flexibilidad y sencillez operativas:** A diferencia de las sociedades anónimas, las LLC no están obligadas a tener un consejo de administración, celebrar reuniones anuales o mantener extensos registros y actas. Esta flexibilidad puede simplificar las operaciones, especialmente para las pequeñas y medianas empresas.

4. **Credibilidad y profesionalidad:** La constitución de una LLC puede aumentar la credibilidad y profesionalidad de su empresa. La designación "LLC" indica a clientes, proveedores e inversores que su empresa es una entidad legítima y seria.

5. **Más fácil de crear y mantener que una sociedad anónima:** Aunque la constitución de una LLC conlleva más pasos que la de una empresa unipersonal o una sociedad colectiva, suele ser más sencilla y menos costosa que constituir y mantener una sociedad anónima.

Limitaciones de una LLC

1. **Coste:** La constitución de una LLC suele conllevar unos costes iniciales y unas cuotas anuales más elevadas que en el caso de las sociedades unipersonales o las sociedades colectivas. Estos costes varían considerablemente según el estado.

2. **Transferibilidad de la propiedad:** En muchos casos, a menos que se permita explícitamente en el acuerdo de operación, los intereses de los miembros de la LLC (propiedad) no pueden transferirse tan fácilmente como las acciones de una corporación. Esto puede suponer una limitación para las empresas que desean atraer a nuevos inversores o vender la empresa.

3. **Variabilidad por Estado:** Las leyes y normativas sobre las LLC varían de un estado a otro, lo que puede dar lugar a complicaciones para las empresas que operan en varios estados. El cumplimiento de las distintas normativas estatales puede resultar engorroso.

4. **Posibles impuestos sobre el trabajo autónomo:** Los miembros de una LLC pueden estar sujetos a impuestos de autoempleo sobre la totalidad de los ingresos netos de la empresa, aunque existen estrategias para mitigar esto, como optar por tributar como una S Corporation.

5. **Vida limitada en algunos Estados:** En algunos estados, las LLC tienen una vida limitada y deben disolverse o renovarse tras un periodo determinado. Esto es menos habitual, pero puede ser una consideración a tener en cuenta en la planificación empresarial a largo plazo.

Elegir la estructura de una LLC es una decisión que debe estar en consonancia con sus objetivos empresariales, sus necesidades operativas y sus consideraciones financieras. Aunque para muchos empresarios las ventajas suelen ser mayores que las limitaciones, comprender ambas opciones le garantiza que está tomando la mejor decisión para su situación particular. A continuación, le guiaremos a través de los pasos esenciales para formar su LLC, asegurándonos de que está bien equipado para navegar por el proceso de manera eficiente y eficaz.

CAPÍTULO 2:
Constitución de una LLC

Guía paso a paso para constituir una LLC

Constituir una Sociedad de Responsabilidad Limitada (LLC) es un paso importante para legitimar su negocio y proteger su patrimonio personal. El proceso puede variar ligeramente de un estado a otro, pero en general sigue un patrón similar. Aquí tiene una guía completa paso a paso para empezar:

Paso 1: Elegir un nombre para su LLC

- **Requisitos legales:** El nombre de su LLC debe cumplir con los requisitos de denominación de su estado. Normalmente, debe incluir "Sociedad de Responsabilidad Limitada" o una abreviatura (LLC o L.L.C.), y no puede incluir palabras reservadas a organismos gubernamentales (FBI, Hacienda, Departamento de Estado, etc.) ni implicar una asociación con un organismo gubernamental.
- **Singularidad:** El nombre debe distinguirse de los nombres de otras entidades empresariales ya registradas en la oficina de registro de empresas de su estado. La mayoría de los estados tienen una base de datos en línea donde se pueden buscar nombres de empresas.
- **Disponibilidad de dominios**: También es aconsejable comprobar si el nombre elegido está disponible como dominio web, aunque no tenga previsto crear un sitio web empresarial de inmediato.

Paso 2: Nombrar a un agente registrado

- Un agente registrado (también conocido como agente residente o agente estatutario en algunos estados) es una persona o entidad comercial responsable de recibir documentos legales en nombre de su LLC. El agente debe tener una dirección física

(no un apartado de correos) en el estado en el que está formando su LLC y debe estar disponible durante el horario laboral habitual.
- **Opciones:** Puede designar a una persona dentro de la empresa, incluido usted mismo, o contratar un servicio externo de agente registrado.

Paso 3: Presentar los estatutos

- **Documentos:** También conocido como Certificado de Formación o Certificado de Organización en algunos estados, los Artículos de Organización son el documento principal para establecer su LLC con el estado.
- **Información requerida:** Este documento normalmente requiere información básica sobre su LLC, como su nombre, dirección, agente registrado y, a veces, los nombres de sus miembros.
- **Tasa de solicitud:** Hay una tasa de presentación, que varía según el estado.
- **Presentación:** Por lo general, el documento puede presentarse en línea o por correo en la oficina de presentación de empresas de su estado o en la Secretaría de Estado.

Paso 4: Crear un acuerdo de explotación

- Aunque no siempre es obligatorio por ley, se recomienda encarecidamente redactar un acuerdo de funcionamiento, ya que en él se describen los procedimientos de propiedad y funcionamiento de la LLC. Ayuda a evitar malentendidos entre los miembros al establecer expectativas claras sobre el reparto de beneficios, las obligaciones de los miembros y el protocolo para añadir o eliminar miembros.
- **Contenido:** Un acuerdo operativo debe incluir detalles como la organización de la LLC, la estructura de gestión, las

aportaciones de capital de los miembros, la distribución de beneficios y los procedimientos para disolver la LLC.

Paso 5: Obtener un EIN

- El número de identificación fiscal (EIN), también conocido como número de identificación fiscal federal, es necesario a efectos fiscales y para abrir una cuenta bancaria empresarial. Básicamente, es el número de la Seguridad Social de su empresa.
- **Solicitud:** Puede solicitar un EIN de forma gratuita a través de la página web del IRS, por correo o por fax.

Siguiendo estos pasos establecerá la base legal de su LLC, sentando las bases para una gestión y operaciones responsables y organizadas. En los capítulos siguientes, exploraremos cómo gestionar, hacer crecer y mantener su LLC para garantizar su éxito y longevidad.

Documentos necesarios y dónde presentarlos

Tras decidir constituir una LLC, es fundamental conocer los trámites y procedimientos de registro necesarios. Esta parte del proceso convierte su idea de negocio en una entidad jurídica. Profundicemos en los documentos esenciales necesarios para constituir una LLC y dónde debe presentarlos.

1. **Artículos de la Organización**

    - **Descripción:** El documento fundamental para establecer su LLC son los Artículos de Organización (a veces llamado Certificado de Formación o Certificado de Organización, dependiendo del estado). Este documento registra oficialmente su LLC en el estado e incluye información fundamental sobre su negocio.
    - **Contenido:** Aunque la información requerida puede variar según el estado, normalmente incluye el nombre de la LLC, el lugar principal de actividad, el propósito, la duración (si no es

perpetua), el nombre y la dirección del agente registrado y los nombres de los miembros o administradores de la LLC, dependiendo de la estructura de gestión.

- **Lugar de presentación:** Debe presentar los estatutos ante el gobierno del estado, normalmente en la oficina del Secretario de Estado o en un organismo estatal similar que se encargue de la presentación de documentos mercantiles. Muchos estados permiten ahora la presentación en línea, aunque todavía existen opciones de presentación por correo.

2. **Acuerdo de explotación**

   - **Descripción:** Aunque no siempre es un requisito legal, el Acuerdo Operativo es fundamental para definir las normas de funcionamiento de la LLC, las funciones de los miembros y los acuerdos financieros. Actúa como un contrato entre los miembros en relación con el funcionamiento interno de la LLC.
   - **Contenido:** Un acuerdo operativo debe describir la estructura de propiedad, las responsabilidades de los miembros, la distribución de beneficios y pérdidas, los procesos de toma de decisiones y las directrices para añadir o eliminar miembros, entre otros detalles operativos.
   - **Lugar de presentación:** El Acuerdo de Explotación no se suele presentar al Estado, sino que se conserva internamente como documento de gobierno. Sin embargo, tenerlo fácilmente accesible es importante para la claridad jurídica y operativa, especialmente al abrir una cuenta bancaria o en caso de litigio.

3. **Solicitud de número de identificación patronal (EIN)**

   - **Descripción:** El número de identificación de empleador (EIN) es un número de identificación de contribuyente federal para su LLC, necesario para la presentación de impuestos y presentación de informes. También es necesario para abrir una cuenta bancaria y contratar empleados.

- **Lugar de presentación:** El EIN se solicita a través del Servicio de Impuestos Internos (IRS). La solicitud puede cumplimentarse en línea en el sitio web del IRS, que es el método más rápido, o por correo o fax.

4. **Requisitos específicos del Estado**

    - Dependiendo de la ubicación de su LLC, puede haber documentos adicionales o presentaciones requeridas. Esto puede incluir:
    - **Registro de impuestos estatales:** Si su estado tiene un impuesto sobre las ventas o si va a contratar empleados, es posible que tenga que registrarse en el Departamento de Hacienda de su estado o equivalente.
    - **Licencias y permisos comerciales:** Dependiendo de la naturaleza de su negocio y de su ubicación, es posible que necesite licencias o permisos específicos para operar legalmente. Estos varían mucho según el sector y la localidad.

5. **Informes anuales**

    - **Descripción:** Muchos estados exigen que las LLC presenten un informe anual (a veces denominado declaración de información) y paguen una tasa de presentación. Este informe suele poner al día al estado sobre los miembros, la dirección comercial y el agente registrado de la LLC.
    - **Lugar de presentación:** Al igual que los estatutos, los informes anuales se presentan en la oficina de registro de empresas del estado.

Familiarizarse con estos documentos y entender dónde y cómo presentarlos es esencial para el buen establecimiento de su LLC. El cumplimiento de los requisitos estatales garantiza que su LLC se mantenga en buen estado, lo que le permite centrarse en el crecimiento de su negocio.

Comprender los requisitos específicos de su Estado

Cada estado de EE.UU. tiene su propio conjunto de normas y reglamentos para constituir y gestionar una LLC. Esta diversidad significa que, si bien las líneas generales de la constitución de una LLC son coherentes en todo el país, los detalles específicos pueden variar significativamente de un estado a otro. Entender los requisitos específicos de su estado es crucial para establecer y mantener con éxito su LLC en buen estado legal. Estos son los aspectos clave que debe tener en cuenta:

1. **Requisitos de formación:**

   - **Tasas de presentación:** El coste de presentar los estatutos (o un documento de nombre similar) puede variar mucho de un estado a otro. Es esencial conocer la tasa exacta de su estado para presupuestar en consecuencia.
   - **Convenciones de denominación:** Aunque la mayoría de los estados tienen normas similares en cuanto a la denominación de las LLC -como exigir "LLC" o "Limited Liability Company" en el nombre y evitar nombres que puedan confundir a su LLC con una agencia gubernamental-, algunos estados tienen restricciones o requisitos de denominación únicos.
   - **Agente registrado:** Todos los estados exigen que las LLC tengan un agente registrado con una dirección física en el estado. Sin embargo, las normas sobre quién puede actuar como agente registrado (por ejemplo, si puede ser un miembro de la LLC) pueden variar.

2. **Requisitos operativos:**

   - **Acuerdo de funcionamiento:** Algunos estados exigen que las LLC dispongan de un acuerdo de funcionamiento, ya sea en el momento de su constitución o en un plazo determinado posterior. Aunque su estado no lo exija, se considera una buena práctica disponer de un acuerdo de funcionamiento completo.

- **Informes anuales y tasas:** Muchos estados exigen que las LLC presenten un informe anual o bienal y paguen una tasa. El contenido exigido en estos informes, los plazos y las tasas pueden variar considerablemente.
- **Trámites adicionales para determinadas actividades empresariales:** Dependiendo de la naturaleza de su negocio, puede que necesite obtener licencias o permisos específicos. Los requisitos también pueden variar según el estado y la localidad.

3. **Fiscalidad y obligaciones empresariales:**

- **Registro fiscal estatal:** Si vende productos, recauda impuestos sobre las ventas o contrata empleados, es posible que tenga que registrarse en el Departamento de Hacienda de su estado o su equivalente.
- **Seguro de desempleo estatal:** Si contrata empleados, la mayoría de los estados le exigirán que cotice al seguro de desempleo. El proceso para darse de alta en este seguro puede variar según el estado.

4. **Requisitos de conformidad:**

- **Mantenimiento de registros:** Los Estados tienen diferentes requisitos sobre los registros que una LLC debe mantener. Aunque la ley federal exige mantener ciertos registros a efectos fiscales, los estados pueden tener requisitos adicionales.
- **Requisitos de publicación:** Algunos estados exigen que las LLC recién constituidas publiquen un anuncio en un periódico local durante varias semanas sobre la constitución de la LLC. Se trata de un requisito obsoleto, pero sigue vigente en algunas zonas.

Conozca los requisitos específicos de su Estado:

- **Sitio web del Secretario de Estado:** La mejor fuente de información actualizada sobre los requisitos de constitución y funcionamiento de una LLC es el sitio web de la Secretaría de Estado de su estado o el organismo equivalente responsable de la presentación de solicitudes de registro de empresas.
- **Recursos jurídicos:** Consultar con un abogado local especializado en derecho mercantil también puede aportar claridad y garantizar que cumple todos los requisitos específicos del estado.

Comprender y cumplir los requisitos específicos de su estado no sólo garantiza la constitución legal de su LLC, sino también su buen funcionamiento. El cumplimiento ayuda a evitar sanciones, multas o posibles problemas legales, lo que le permite centrarse en el crecimiento de su negocio.

Elegir un nombre para su LLC

Seleccionar el nombre adecuado para su Sociedad de Responsabilidad Limitada (LLC) es un paso crucial en el proceso de constitución. El nombre no sólo transmite la identidad de su marca a los clientes potenciales, sino que también debe cumplir los requisitos legales específicos establecidos por su estado. A continuación le ofrecemos una guía para ayudarle a elegir un nombre que cumpla los requisitos legales y sea eficaz para la imagen de su empresa.

1. **Cumplimiento de la legislación estatal**

    - **Designación "LLC":** Su nombre debe incluir "Sociedad de Responsabilidad Limitada" o una de sus abreviaturas (LLC o L.L.C.) para indicar que su empresa es una LLC.
    - **Palabras restringidas:** Evite utilizar palabras que puedan confundir a su LLC con una agencia gubernamental (por ejemplo, FBI, Hacienda, Departamento de Estado) o que den a entender que la empresa es algo que no es (por ejemplo,

"Banco" sin aprobación). Algunos estados tienen restricciones adicionales sobre ciertas palabras, exigiendo papeleo adicional o que un profesional autorizado forme parte de su LLC si utiliza términos como "Abogado" o "Doctor".

- **Singularidad:** El nombre debe distinguirse de otros nombres de empresas ya registrados en la oficina de registro de empresas de su estado. Esto ayuda a evitar confusiones y protege la identidad de las empresas existentes.

2. **Consideraciones de marca y marketing**

    - **Memorable y significativo:** Elija un nombre que no sólo resuene entre su público objetivo, sino que también sea fácil de recordar. Un nombre significativo puede ayudar a establecer la identidad de su marca y facilitar el marketing boca a boca.
    - **Disponibilidad de dominios web:** En el mundo digital actual, tener presencia en Internet es fundamental. Compruebe la disponibilidad del nombre de su empresa como dominio web. Incluso si no estás listo para crear un sitio web empresarial de inmediato, considera la posibilidad de asegurar el nombre de dominio para evitar que otros lo adquieran.
    - **Dominios en redes sociales:** Al igual que con el dominio web, comprueba la disponibilidad del nombre de tu empresa en las principales plataformas de redes sociales. La coherencia entre su sitio web y sus perfiles en las redes sociales puede ayudar a crear una identidad de marca cohesionada.

3. **Crecimiento futuro**

    - **Escalabilidad:** Elija un nombre que sea lo suficientemente flexible como para adaptarse al futuro crecimiento y expansión de su empresa. Evite nombres demasiado estrechos o vinculados a una ubicación geográfica específica, a menos que sea una parte crucial de su marca.

- **Sensibilidad cultural:** Asegúrese de que el nombre elegido no tiene connotaciones negativas ni resulta ofensivo en ningún idioma o cultura, sobre todo si tiene previsto operar a escala internacional.

4. **Comprobaciones legales y registro**

    - **Búsqueda en la base de datos estatal:** Realice una búsqueda exhaustiva en la base de datos de nombres comerciales de su estado para asegurarse de que el nombre que desea está disponible. Esto se puede hacer normalmente en línea a través del sitio web del Secretario de Estado de su estado.
    - **Búsqueda de marcas:** Para evitar problemas legales y asegurarse de que el nombre de su empresa no infringe ninguna marca registrada, realice una búsqueda en el sitio web de la Oficina de Patentes y Marcas de Estados Unidos (USPTO).
    - **Reserva (si procede):** Si no está preparado para presentar sus estatutos pero ya ha elegido un nombre, considere la posibilidad de reservarlo en la oficina de registro de empresas de su estado, si éste ofrece esta opción. Los plazos y las tasas de reserva del nombre varían según el estado.

Elegir el nombre adecuado para su LLC es un equilibrio entre el cumplimiento legal, la eficacia del marketing y la escalabilidad futura. Dedicar tiempo a estudiar detenidamente el nombre de su empresa desde el principio puede ahorrarle tiempo, dinero y quebraderos de cabeza legales en el futuro, además de sentar unas bases sólidas para la identidad de su marca.

Designación de un representante registrado

Un paso fundamental en la constitución de su Sociedad de Responsabilidad Limitada (LLC) es la designación de un agente registrado. Este agente actúa como punto de contacto oficial para su LLC, responsable de recibir documentos legales, comunicaciones oficiales del gobierno y, en algunos casos, notificaciones fiscales. Esto es lo que necesita saber para seleccionar un agente registrado apropiado para su LLC.

1. **Función y responsabilidades:**

   - **Documentos legales:** El agente registrado recibe notificaciones en nombre de la LLC, lo que incluye documentos legales como demandas y citaciones.
   - **Comunicaciones de cumplimiento:** También reciben correspondencia oficial del gobierno, incluidos recordatorios de presentación anual y documentos fiscales.
   - **Disponibilidad:** El agente debe estar disponible durante el horario laboral habitual (de 9.00 a 17.00 horas, de lunes a viernes) para aceptar documentos.

2. **Quién puede ser agente registrado:**

   - **Personas físicas:** En muchos estados, cualquier persona residente en el estado en el que se constituya la LLC puede actuar como agente registrado, incluido un miembro o administrador de la LLC, siempre que tenga una dirección física en el estado (no se aceptan apartados de correos).
   - **Servicios de agente registrado:** Las empresas también pueden designar un servicio de agente registrado, una empresa especializada en recibir y procesar documentos legales. Esto puede ser especialmente beneficioso para garantizar la privacidad, el cumplimiento y la fiabilidad.

3. **Elegir entre individuo y servicio:**

   - **Privacidad:** El uso de un servicio de agente registrado puede mantener sus direcciones comerciales y personales fuera de los registros públicos, ofreciendo una capa adicional de privacidad.
   - **Flexibilidad:** Si elige a una persona de su empresa, debe asegurarse de que siempre haya alguien disponible durante el horario laboral. Un servicio ofrece más flexibilidad, ya que permite a todos los miembros estar fuera de la oficina sin correr el riesgo de perder documentos importantes.
   - **Funcionamiento en varios estados:** Para las LLC que operan en varios estados, un servicio de agente registrado puede proporcionar un agente en cada estado, simplificando el proceso de cumplimiento.

4. **Cambio de agente registrado:**

   - Si necesita cambiar su agente registrado después de haber constituido su LLC, puede hacerlo presentando un formulario de cambio de agente registrado en la oficina de registro de empresas de su estado, a menudo por un módico precio. Es crucial asegurarse de que la información de su agente registrado esté siempre actualizada para evitar perder notificaciones importantes o acciones legales.

5. **Consideraciones clave:**

   - **Fiabilidad:** Su agente registrado desempeña un papel crucial en el cumplimiento legal de su empresa. Tanto si elige a un particular como a un servicio, asegúrese de que son fiables y pueden asumir sus responsabilidades con eficacia.
   - **Coste:** Las tarifas de los servicios de agente registrado varían, así que tenga en cuenta este coste en el presupuesto de su empresa. Los agentes individuales (por ejemplo, un miembro de una LLC que actúa como agente) no incurren en una tarifa de

servicio, pero la evaluación de los beneficios de privacidad, flexibilidad y servicio multiestatal puede justificar el gasto para muchas empresas.

La designación de un agente registrado es un paso fundamental en la formación de su LLC, lo que garantiza que su empresa mantenga una buena posición con el estado y esté debidamente informada y responda a las acciones legales y comunicaciones gubernamentales. Esta elección afecta a su privacidad, flexibilidad operativa y cumplimiento normativo, por lo que debe considerar detenidamente sus opciones para elegir la que mejor se adapte a las necesidades de su empresa.

La importancia de un acuerdo de explotación

Un acuerdo de funcionamiento es un documento fundamental para cualquier sociedad de responsabilidad limitada (LLC), aunque no todos los estados lo exijan. Este documento interno describe la propiedad y los procedimientos operativos de su LLC, garantizando que todos los miembros estén de acuerdo en cuanto a la gestión de la empresa, la distribución de beneficios y otros aspectos operativos clave. A continuación le explicamos por qué es fundamental que su LLC disponga de un acuerdo de funcionamiento:

1. **Aclara los acuerdos verbales:** Aunque la creación de una empresa con amigos o colegas suele comenzar con acuerdos verbales, tener estos acuerdos por escrito minimiza los malentendidos. Un acuerdo operativo recoge las expectativas de todos los miembros en un documento formal, lo que facilita la resolución de conflictos.

2. **Protege el estatus de su LLC:** Uno de los principales beneficios de formar una LLC es obtener protección de responsabilidad limitada. Un Acuerdo Operativo refuerza el estatus de su LLC como una entidad separada, que es crucial para proteger a los

miembros de la responsabilidad personal en relación con el negocio.

3. **Proporciona flexibilidad operativa:** Las LLC son apreciadas por su flexibilidad operativa en comparación con las corporaciones. Un acuerdo de operación le permite personalizar la gestión y las operaciones de su negocio, en lugar de por defecto a las leyes estatales que rigen las LLC sin un acuerdo de este tipo.

4. **Prepara para futuros cambios:** Las empresas evolucionan, al igual que sus estructuras de propiedad y gestión. Un contrato de explotación puede definir los procedimientos para la incorporación de nuevos socios, la resolución de conflictos, el reparto de beneficios y pérdidas, e incluso la disolución de la empresa, facilitando así las transiciones.

5. **Mejora la credibilidad:** Disponer de un acuerdo de funcionamiento formal puede mejorar la credibilidad de su LLC ante prestamistas, inversores y socios. Demuestra que te tomas en serio la estructura y el gobierno de tu empresa.

6. **Gobierna la estructura de los miembros y la gerencia:** Tanto si la LLC está gestionada por los socios como por los administradores, el contrato de explotación especifica las funciones, facultades y obligaciones. Puede detallar los procesos de toma de decisiones, los derechos de voto y otras cuestiones de gobierno.

Elementos clave de un acuerdo de explotación

Aunque los acuerdos operativos varían en función de las necesidades específicas de la LLC, los elementos típicos incluyen:

- **Datos de la organización:** Fecha de constitución, miembros y estructura de propiedad.

- **Gestión y votación:** Estructura de gestión, obligaciones de los miembros y derechos y procedimientos de voto.
- **Aportaciones de capital:** Aportaciones iniciales de los socios y provisiones para aportaciones futuras.
- **Distribuciones:** Reparto de beneficios y pérdidas entre los miembros.
- **Cambios en la afiliación:** Procedimientos para añadir o eliminar miembros.
- **Disolución:** Directrices para la disolución de la LLC.

Redacción del contrato de explotación

Orientación jurídica detallada:
- **Propósito:** Contratar a un abogado no es sólo una cuestión de legalidad; se trata de adaptar el contrato de operación para que se ajuste a las necesidades específicas de su LLC y, al mismo tiempo, garantizar el cumplimiento de los matices legales específicos de cada estado. Un abogado con experiencia puede proporcionar información muy valiosa sobre la estructuración del acuerdo para cubrir todas las eventualidades, desde los mecanismos de resolución de conflictos hasta las estrategias de salida de los miembros.

- **Personalización:** Cada LLC tiene su propia dinámica y requisitos. Un experto legal puede ayudarle a garantizar que su Acuerdo Operativo no sea un documento de talla única, sino que esté personalizado para reflejar la estructura operativa específica, las funciones de los miembros y los acuerdos financieros de su LLC.

Amplia participación de los diputados:
- **Proceso de redacción colaborativo:** El proceso de redacción del Acuerdo Operativo debe ser colaborativo, implicando discusiones y negociaciones entre todos los miembros. De este

modo se garantiza que las expectativas, responsabilidades y derechos de cada miembro se entiendan y acuerden claramente.

- **Prevención de conflictos:** Al involucrar a todos los miembros en el proceso de redacción, las áreas potenciales de conflicto pueden ser identificadas y abordadas antes de que se conviertan en problemas. Este enfoque proactivo puede salvar a la LLC de futuras disputas y desafíos legales.

Aplicación del Acuerdo Operativo

Ceremonia formal de firma:
- **Importancia:** El acto de firmar el Acuerdo Operativo debe tratarse con formalidad e importancia. Simboliza el compromiso de los miembros con la LLC y entre sí, reforzando la seriedad del documento.

- **Mantenimiento de registros:** Asegúrese de que la firma queda documentada y de que todos los miembros disponen de una copia del acuerdo firmado para su archivo.

Almacenamiento estratégico y accesibilidad:
- **Copias digitales y físicas:** Mantener copias tanto digitales como físicas del Acuerdo Operativo garantiza que sea fácilmente accesible cuando sea necesario. Considere la posibilidad de utilizar soluciones de almacenamiento en la nube para las copias digitales con el fin de mejorar la accesibilidad y la seguridad.

- **Revisiones periódicas:** El Acuerdo Operativo debe revisarse periódicamente, en especial cuando se toman decisiones comerciales importantes, cuando la LLC experimenta cambios significativos o a intervalos regulares, como anualmente. De este modo se garantiza que el acuerdo siga siendo relevante y se ajuste al estado actual de la LLC.

El contrato de explotación como documento vivo

- **Adaptabilidad:** Reconozca que el acuerdo operativo no es inamovible. A medida que su negocio evolucione, el acuerdo debe modificarse para reflejar los cambios en la estructura de gestión de la LLC, las contribuciones de los miembros y las estrategias operativas.

- **Proceso de modificación:** Establezca un proceso claro para modificar el Acuerdo Operativo dentro del propio documento. Esto debe incluir cómo se pueden proponer enmiendas, el umbral de votación requerido para los cambios y cómo se documentan y comunican los cambios a todos los miembros.

Educación y formación

- **Formación de socios y directivos:** Considere la posibilidad de impartir formación o sesiones informativas sobre el contenido del acuerdo operativo a todos los miembros y gerentes designados. Esto puede ayudar a garantizar que todas las personas involucradas en la LLC comprendan sus funciones, derechos y responsabilidades, tal y como se describen en el acuerdo.

En resumen, el Acuerdo de Operación sirve de base para el funcionamiento de su LLC y su interacción con el mundo. Es una herramienta fundamental para delinear la estructura de su empresa, guiar sus operaciones y salvaguardar los intereses de todos los miembros. Al invertir el tiempo y los recursos necesarios para redactar y aplicar este acuerdo de forma meditada y cuidadosa, colocará a su LLC en el camino hacia la estabilidad, el crecimiento y el éxito.

CAPÍTULO 3:
Gestión de su sociedad de responsabilidad limitada

Funciones y responsabilidades de los miembros y administradores de una LLC

Comprender las funciones y responsabilidades de los socios y administradores de una Sociedad de Responsabilidad Limitada (LLC) es crucial para el buen gobierno y funcionamiento de la empresa. En una LLC, los socios son los propietarios de la empresa, mientras que los administradores son designados para supervisar las operaciones cotidianas. Las funciones y responsabilidades específicas pueden variar significativamente en función de si la LLC está gestionada por los socios o por los administradores, y de las disposiciones establecidas en el contrato de explotación. He aquí un desglose de las principales funciones y responsabilidades en ambos tipos de LLC.

Sociedades de responsabilidad limitada gestionadas por sus miembros

En una LLC gestionada por sus miembros, todos los miembros (propietarios) participan en los procesos de gestión y toma de decisiones de la empresa. Esta estructura es más común en las LLC más pequeñas o en aquellas en las que los miembros desean participar activamente en las operaciones diarias de la empresa.

Funciones y responsabilidades:

- **Toma de decisiones:** Los miembros toman decisiones sobre todos los aspectos de las operaciones de la LLC, desde las tareas cotidianas hasta las decisiones empresariales más importantes.
- **Tareas operativas:** Los miembros pueden asumir funciones o tareas específicas, como gestionar las finanzas, supervisar los esfuerzos de marketing o encargarse de las relaciones con los clientes.

- **Cumplimiento legal**: Garantizar que la LLC cumple las leyes y normativas pertinentes recae en los miembros.
- **Gestión financiera**: Los miembros son responsables de la salud financiera de la LLC, incluyendo presupuestos, planificación financiera y obligaciones fiscales.

Sociedades *de responsabilidad limitada gestionadas por directivos*

Una LLC gestionada por un gerente designa a uno o varios gerentes (que pueden ser miembros, pero no tienen por qué serlo) para que se encarguen de las operaciones de la LLC. Esta estructura suele elegirse para las LLC de mayor tamaño o cuando los miembros prefieren no participar en la gestión diaria de la empresa.

Funciones y responsabilidades:

- **Operaciones diarias**: Los gestores se encargan de las operaciones cotidianas de la LLC, lo que permite a los socios centrarse en objetivos empresariales más amplios o en intereses externos.
- **Toma de decisiones**: Los directivos toman decisiones sobre cuestiones operativas, aunque las decisiones empresariales importantes pueden requerir la aprobación de los miembros, tal y como se establece en el Acuerdo Operativo.
- **Cumplimiento e informes**: Los administradores se aseguran de que la LLC cumple las leyes y normativas estatales, y son responsables de informar a los socios sobre el rendimiento de la empresa.
- **Supervisión financiera**: Aunque los gestores supervisan las operaciones financieras diarias, las decisiones financieras importantes, como la obtención de préstamos o las inversiones significativas, suelen requerir la aprobación de los miembros.

Responsabilidades comunes en ambas estructuras

Independientemente de la estructura de gestión, ciertas responsabilidades son comunes tanto a las LLC gestionadas por sus miembros como a las gestionadas por sus directivos:

- **Mantenimiento de registros:** Mantener registros precisos y actualizados de todas las operaciones empresariales es esencial para el cumplimiento legal y la gestión eficaz.
- **Obligaciones legales:** Es obligatorio cumplir las leyes estatales y federales, incluidas las obligaciones fiscales, las leyes laborales y las normativas específicas del sector.
- **Deberes fiduciarios:** Los miembros y administradores deben actuar en el mejor interés de la LLC, evitando conflictos de intereses y asegurándose de que sus acciones beneficien a la empresa.

Papel del convenio operativo

El Acuerdo de Funcionamiento desempeña un papel fundamental en la definición de las funciones y responsabilidades específicas de los miembros y administradores.

Puede adaptar la estructura de gestión a las necesidades de la LLC, esbozar los procesos de toma de decisiones y especificar las obligaciones y facultades tanto de los miembros como de los administradores. Esta personalización es una de las principales ventajas de la estructura de la LLC, ya que ofrece flexibilidad para adaptarse a una amplia gama de tipos de negocio y preferencias de gestión.

Comprender y definir claramente estas funciones y responsabilidades es vital para el buen funcionamiento de una LLC. Garantiza que todas las partes sepan lo que se espera de ellas y puedan colaborar eficazmente para alcanzar los objetivos de la empresa.

Procesos diarios de gestión y toma de decisiones

Para una LLC, establecer procesos claros y eficientes de gestión diaria y toma de decisiones es esencial para el buen funcionamiento y el éxito a largo plazo. Estos procesos pueden variar en gran medida en función de si la LLC está gestionada por los miembros o por el gerente, como se indica en el Acuerdo de funcionamiento. Este documento debe definir claramente cómo se toman las decisiones, quién está autorizado a tomarlas y los procedimientos para gestionar las operaciones diarias y las decisiones empresariales importantes. A continuación se ofrece una visión general de la gestión de estos procesos en ambos tipos de LLC.

Sociedades de responsabilidad limitada gestionadas por sus miembros

En las LLC gestionadas por sus miembros, todos ellos participan colectivamente en la gestión y la toma de decisiones. Este sistema funciona bien para las LLC más pequeñas en las que los miembros desean participar directamente en las operaciones de la empresa.

Aspectos clave:

- **Toma de decisiones:** Normalmente, las decisiones cotidianas no requieren votaciones formales, pero las decisiones importantes (como pedir un préstamo o realizar inversiones sustanciales) pueden requerir un consentimiento mayoritario o incluso unánime, dependiendo del acuerdo operativo.
- **Funciones y responsabilidades:** Es habitual que los miembros se repartan las tareas operativas en función de sus habilidades o intereses. Sin embargo, el Acuerdo Operativo debe describir cómo se asignan y cambian estas funciones.
- **Reuniones:** Las reuniones periódicas pueden ayudar a mantener a todos los miembros informados e implicados en el proceso de toma de decisiones. La frecuencia y el formato de estas reuniones deben documentarse en el acuerdo operativo.

Sociedades *de responsabilidad limitada gestionadas por directivos*

En las LLC gestionadas por un gerente, se nombra gerente a un miembro seleccionado, a un grupo de miembros o a una persona ajena a la empresa. Esta estructura es adecuada para las LLC en las que no todos los miembros desean participar en las operaciones diarias o para las LLC de mayor tamaño en las que se necesita una gestión profesional.

Aspectos clave:

- **Autoridad y límites:** El acuerdo operativo debe especificar la autoridad del gerente, incluidas las decisiones que puede tomar de forma independiente y las que requieren la aprobación de los miembros.
- **Comunicación:** El establecimiento de canales de comunicación regulares entre el gerente o gerentes y los miembros garantiza que éstos se mantengan al corriente de las operaciones de la empresa y puedan aportar su opinión sobre las decisiones importantes.
- **Revisión del rendimiento:** Establecer revisiones periódicas del rendimiento del gestor puede ayudar a garantizar que la LLC está siendo gestionada eficazmente de acuerdo con las expectativas de los miembros.

Proceso de toma de decisiones

Para ambos tipos de LLC, es crucial contar con un proceso claro de toma de decisiones.

Esto incluye:
- **Procedimientos de votación:** El acuerdo operativo debe describir cómo se llevan a cabo las votaciones, incluyendo lo que constituye un quórum, cómo se cuentan los votos y cualquier requisito específico para los diferentes tipos de decisiones.

- **Resolución de conflictos:** Debe establecerse un mecanismo de resolución de conflictos entre los miembros o entre éstos y los directivos para evitar situaciones de bloqueo.
- **Documentación:** Mantener un registro exhaustivo de las decisiones, especialmente en asuntos importantes, es esencial para el cumplimiento legal y para resolver cualquier disputa futura.

Eficiencia operativa

- **Procedimientos normalizados de trabajo (PNT):** La elaboración de PNT para tareas rutinarias puede ayudar a racionalizar las operaciones y garantizar la coherencia de las actividades de la LLC.
- **Delegación:** Definir claramente qué tareas se delegan en empleados o contratistas externos puede ayudar a directivos y miembros a centrarse en decisiones estratégicas.

Al establecer directrices claras para la gestión diaria y los procesos de toma de decisiones, una LLC puede funcionar con mayor fluidez, reducir la posibilidad de conflictos internos y estar mejor posicionada para el crecimiento y el éxito. El Acuerdo Operativo es clave para definir estos procesos y debe consultarse con regularidad para garantizar que las operaciones de la LLC se ajustan a las intenciones de los miembros y a los requisitos legales.

Gestión financiera, incluida la apertura de una cuenta bancaria empresarial

Una gestión financiera eficaz es la piedra angular del éxito de cualquier sociedad de responsabilidad limitada (LLC). Esto implica no sólo la supervisión y gestión cuidadosas de las finanzas de la empresa, sino también la creación de la infraestructura financiera adecuada, como la apertura de una cuenta bancaria comercial. Analicemos los aspectos clave de la gestión financiera de su LLC.

Abrir una cuenta bancaria de empresa
Por qué es necesario:

- **Separación de las finanzas:** Una de las principales razones para formar una LLC es establecer una separación legal y financiera entre la empresa y sus propietarios (miembros). Una cuenta bancaria empresarial refuerza esta separación al distinguir claramente entre las finanzas personales y las empresariales.

- **Profesionalidad:** Las transacciones realizadas a través de una cuenta de empresa parecen más profesionales a los clientes y proveedores que las cuentas personales.

- **Mantenimiento de registros:** Una cuenta comercial específica simplifica la contabilidad y la preparación de impuestos al consolidar las transacciones comerciales en un solo lugar.

Cómo abrir una cuenta bancaria de empresa:

- **EIN:** La mayoría de los bancos exigen un número de identificación patronal (EIN) para abrir una cuenta de empresa. El EIN es el número de identificación fiscal federal de su LLC.

- **Estatutos:** Es probable que tenga que presentar una copia de los estatutos de su sociedad de responsabilidad limitada, que confirman la constitución legal de su empresa.

- **Acuerdo de funcionamiento:** Algunos bancos pueden solicitar ver el acuerdo de funcionamiento de su LLC para entender la estructura de propiedad y quién tiene la autoridad para abrir y gestionar la cuenta.

- **Identificación:** La identificación personal de los firmantes de la cuenta suele exigirse como parte de la diligencia debida del banco.

Gestionar las finanzas de su LLC
Presupuestos y previsiones:
- Elaborar un presupuesto detallado y previsiones financieras ayuda a planificar el futuro y a gestionar eficazmente la tesorería. Permite anticiparse a las necesidades financieras, identificar posibles déficits y tomar decisiones con conocimiento de causa.

Contabilidad y teneduría de libros:
- Mantener registros financieros precisos y actualizados es fundamental para hacer un seguimiento del rendimiento de la LLC, preparar estados financieros y cumplir con las obligaciones fiscales. Muchas LLC utilizan software de contabilidad para agilizar este proceso.

Planificación y cumplimiento fiscal:
- Comprender las obligaciones fiscales de su LLC es esencial. Esto incluye los impuestos federales sobre la renta, los impuestos estatales y locales, el impuesto sobre las ventas y los impuestos sobre el empleo si tiene empleados.
- Consulte con un profesional fiscal para aprovechar las deducciones y créditos fiscales y garantizar el cumplimiento de todas las leyes fiscales.

Revisión y análisis financiero:
- La revisión periódica de los estados financieros (balance, cuenta de resultados y estado de tesorería) le permite evaluar la salud financiera de su LLC, identificar tendencias y tomar decisiones estratégicas.

Acceso al capital:
- Para crecer o cubrir gastos imprevistos, su LLC puede necesitar financiación. Puede ser a través de préstamos, líneas de crédito o, potencialmente, mediante la incorporación de nuevos

miembros. Una base financiera sólida y unos registros claros mejoran su capacidad para obtener financiación.

Una gestión financiera eficaz va más allá de llevar la cuenta de los dólares y los céntimos; implica una planificación estratégica y un cuidadoso cumplimiento de los requisitos legales y fiscales. Mediante el establecimiento de prácticas financieras sólidas, incluida la creación de una cuenta bancaria dedicada a la empresa, su LLC estará mejor posicionada para prosperar, crecer y navegar por las complejidades del mundo empresarial.

Gestionar los impuestos como una LLC

Navegar por el panorama fiscal es un aspecto crítico de la gestión de una Sociedad de Responsabilidad Limitada (LLC). La estructura única de una LLC permite flexibilidad en la forma en que se grava, lo que puede ser una ventaja significativa con una planificación adecuada. Comprender las diferentes opciones y obligaciones fiscales puede ayudarle a tomar decisiones informadas que optimicen la salud financiera de su LLC.

Opciones de imposición por defecto

1. **Sociedades unipersonales:** Por defecto, las LLC de un solo miembro son tratadas como entidades no consideradas a efectos fiscales. Esto significa que la propia LLC no paga impuestos. En su lugar, todos los beneficios y pérdidas se declaran en la declaración del impuesto sobre la renta personal del propietario, utilizando el Anexo C del Formulario 1040.

2. **Sociedades de responsabilidad limitada con varios miembros:** Las LLC de varios miembros reciben automáticamente el mismo tratamiento fiscal que las sociedades colectivas. La LLC presenta una declaración informativa en el Formulario 1065 para declarar sus ingresos, deducciones y ganancias, pero no paga el impuesto sobre la renta.

En cambio, los beneficios y las pérdidas se transfieren a los miembros, que declaran su parte en sus declaraciones de impuestos personales mediante el Anexo K-1 (Formulario 1065).

Elección del impuesto de sociedades

Las LLC tienen la opción de tributar como una sociedad anónima o como una sociedad de responsabilidad limitada, lo que ofrece flexibilidad en función de las necesidades y objetivos de la empresa.

1. **Elección del impuesto de sociedades C:** Al elegir el estatus de Corporación C (utilizando el formulario 8832 del IRS), una LLC tributa por separado de sus propietarios. Esto significa que la LLC paga el impuesto de sociedades sobre sus beneficios. Si se distribuyen dividendos a los miembros, esos dividendos también se gravan en las declaraciones de impuestos personales de los miembros, dando lugar a una doble imposición.

   Esta opción puede ser beneficiosa para las empresas que planean reinvertir una parte significativa de sus beneficios en la empresa o para las que buscan reunir capital mediante la venta de acciones.

2. **Elección del impuesto de sociedades:** La elección del estatus de S Corporation (mediante el formulario 2553 del IRS) permite a las LLC traspasar los ingresos, pérdidas, deducciones y créditos corporativos a sus miembros, de forma similar al tratamiento por defecto de las sociedades, pero con algunas diferencias clave, especialmente en lo que respecta a los impuestos de autoempleo.

   Esta elección puede ser ventajosa para las LLC que generan ingresos sustanciales, ya que puede reducir los impuestos de autoempleo. Sin embargo, existen requisitos de elegibilidad y restricciones en cuanto al número y tipo de miembros.

Obligaciones y consideraciones fiscales

Impuestos sobre el trabajo autónomo:

Para las LLC tratadas como entidades no consideradas o sociedades, los beneficios están sujetos a impuestos de autoempleo, que cubren los impuestos de la Seguridad Social y Medicare. Elegir el estatus de S Corporation puede reducir estos impuestos, ya que los miembros pueden ser clasificados como empleados y recibir un salario sujeto a impuestos sobre el empleo, con sólo el salario (no todo el beneficio de la LLC) sujeto a estos impuestos.

Impuestos estatales:

Además de los impuestos federales, las LLC deben ser conscientes de las obligaciones fiscales estatales, que pueden variar significativamente. Algunos estados imponen un impuesto de franquicia o una tasa basada en los ingresos o la existencia de la LLC.

Estimación trimestral de impuestos:

Dado que los ingresos de la LLC se transfieren a los miembros, éstos pueden tener que realizar pagos trimestrales de impuestos estimados al IRS y, posiblemente, a las autoridades fiscales estatales.

Impuestos sobre las ventas y el empleo:

Si su LLC vende bienes o tiene empleados, puede ser responsable de recaudar y pagar los impuestos sobre las ventas y los impuestos sobre el empleo. El cumplimiento de estos requisitos es fundamental.

Navegar por las responsabilidades fiscales como una LLC requiere una planificación cuidadosa y, a menudo, la orientación de profesionales de impuestos. Conocer las implicaciones fiscales de las distintas estructuras y tomar decisiones con conocimiento de causa puede repercutir significativamente en la eficiencia financiera y el cumplimiento de la LLC.

Mantenimiento de registros y documentación de cumplimiento

Mantener registros meticulosos y cumplir con la documentación necesaria es crucial para cualquier Sociedad de Responsabilidad Limitada (LLC). Estas prácticas no sólo cumplen con los requisitos legales, sino que también protegen a la LLC y a sus miembros en disputas legales, facilitan la planificación financiera y garantizan un funcionamiento sin problemas. A continuación le ofrecemos una visión general de los tipos de registros y documentos que las LLC deben conservar y por qué son importantes.

Estatutos

- **Fundamento jurídico:** Este documento no es una mera formalidad, sino la piedra angular legal de su LLC. Suele ser de dominio público y sienta las bases de la identidad jurídica y la legitimidad operativa de su empresa.

- **Requisitos estatales:** Más allá de lo básico, algunos estados pueden tener requisitos únicos o disposiciones adicionales que pueden incluirse en los estatutos, como los nombres de los miembros y la estructura de gestión, mejorando la transparencia y la gobernanza desde el principio.

Acuerdo de explotación

- **Plan operativo:** El Acuerdo Operativo va más allá de esbozar la estructura de la LLC; es un plan para resolver conflictos internos, distribuir beneficios y pérdidas y gestionar los cambios en la afiliación. Es un documento dinámico que puede evolucionar con su empresa, siempre que los cambios estén documentados y acordados por los miembros.

- **Personalización para el crecimiento:** A medida que su LLC crece, el Acuerdo Operativo debe ser revisado y modificado para reflejar las nuevas realidades operativas, oportunidades de inversión y estrategias de salida de los miembros, asegurando que el documento apoye la expansión en lugar de obstaculizarla.

Registros financieros

- **Preparación para auditorías:** Los registros financieros detallados preparan a su LLC no sólo para la temporada de impuestos, sino también para posibles auditorías. Llevar registros de forma regular y organizada simplifica el proceso de auditoría y demuestra responsabilidad fiscal a los inversores y a los organismos reguladores.

- **Toma de decisiones estratégicas:** Más allá del cumplimiento de la normativa, estos registros ofrecen una valiosa información sobre la salud financiera de su empresa, orientando las decisiones estratégicas, las oportunidades de inversión y las estrategias de gestión de costes.

Declaraciones fiscales y documentos

- **Cumplimiento y planificación:** Los documentos fiscales son fundamentales para verificar el cumplimiento de las leyes fiscales y para planificar futuras estrategias fiscales. Pueden ayudar a identificar tendencias, planificar las obligaciones fiscales y aprovechar las ventajas fiscales específicas de las LLC.

- **Variaciones estatales:** Dada la variabilidad de las obligaciones fiscales estatales, mantener organizados los documentos fiscales es esencial para navegar por las operaciones multiestatales y aprovechar los beneficios fiscales específicos de cada estado.

Actas y resoluciones

- **Memoria corporativa:** Mantener un registro detallado de las reuniones y decisiones ayuda a preservar la "memoria corporativa" de su LLC, proporcionando un rastro claro de la toma de decisiones y la participación de los miembros.

- **Escudo legal:** En disputas legales o auditorías, las actas y resoluciones sirven como prueba de la diligencia debida y el buen gobierno, protegiendo tanto a los miembros como a los directivos.

Licencias, permisos y registros

- **Legitimidad operativa:** Estos documentos no son sólo necesidades burocráticas; afirman la autoridad de su LLC para operar dentro de su industria y región, contribuyendo a la credibilidad y legitimidad de su negocio.

- **Renovación y cumplimiento:** La revisión periódica de las fechas de renovación de licencias y permisos garantiza un funcionamiento ininterrumpido y evita multas o interrupciones operativas por incumplimiento.

Contratos y acuerdos

- **Gestión de riesgos:** Los contratos y acuerdos son la base de la gestión de riesgos de su LLC, ya que definen los términos de la relación con socios, proveedores, clientes y empleados, y proporcionan recursos legales en caso de disputas.

- **Referencia histórica:** El mantenimiento de estos documentos proporciona una referencia histórica de las relaciones y condiciones comerciales, valiosa para renegociaciones, renovaciones y comprensión de decisiones operativas pasadas.

Informes anuales

- **Cumplimiento y transparencia del Estado:** Los informes anuales son un requisito de cumplimiento, pero también una oportunidad para mostrar el crecimiento y la estabilidad de su empresa a las partes interesadas y al público.

- **Registro de buena reputación:** La presentación de informes anuales a tiempo es esencial para mantener la buena reputación de su LLC en su estado de registro, fundamental para el crédito empresarial, las oportunidades de financiación y los contratos públicos.

Buenas prácticas para el mantenimiento de registros y el cumplimiento de la normativa

- **Almacenamiento digital y físico:** Emplea soluciones de almacenamiento tanto digitales como físicas para garantizar la redundancia y la facilidad de acceso. El almacenamiento en la nube puede ofrecer opciones seguras y accesibles para los registros digitales.

- **Revisiones periódicas:** Programe revisiones periódicas de su documentación para garantizar que los registros estén completos, sean precisos y estén actualizados. Esta es también una oportunidad para digitalizar los registros físicos y hacer copias de seguridad de los archivos digitales.

- **Consultas profesionales:** Consulte periódicamente a profesionales jurídicos y financieros para asegurarse de que sus prácticas de mantenimiento de registros y su documentación de cumplimiento cumplen todos los requisitos legales actuales y las mejores prácticas.

El mantenimiento eficaz de registros y la atención diligente a la documentación de cumplimiento no son meros requisitos normativos, sino que son fundamentales para la integridad y el éxito de su LLC. Permiten la transparencia, facilitan el cumplimiento legal y financiero, y proporcionan un historial claro de las operaciones y decisiones de la LLC.

Importancia del mantenimiento de registros y del cumplimiento de la normativa

Protección jurídica
- **Resolución de conflictos:** Los registros detallados pueden ser el factor decisivo en los litigios, ya que ofrecen pruebas claras de las obligaciones contractuales, las contribuciones de los miembros y el cumplimiento de los protocolos de gobernanza.

- **Medida preventiva:** El mantenimiento proactivo de una documentación exhaustiva puede disuadir de los desafíos legales al demostrar un cumplimiento coherente y transparencia operativa.

Cumplimiento y preparación de impuestos
- **Pista de auditoría:** Los registros precisos forman una pista de auditoría fiable, detallando cada transacción financiera. Esto no solo simplifica la declaración de impuestos, sino que también permite a la LLC responder con confianza a las consultas de las autoridades fiscales.

- **Planificación financiera estratégica:** Más allá del cumplimiento, estos registros permiten una planificación financiera estratégica, identificando oportunidades de deducciones fiscales, créditos e incentivos, reduciendo así potencialmente las obligaciones fiscales.

Eficiencia operativa
- **Apoyo a la toma de decisiones:** El acceso a registros bien organizados facilita la toma de decisiones informadas, proporcionando una base objetiva para evaluar el rendimiento de la LLC, identificar tendencias y realizar ajustes estratégicos.

- **Asignación de recursos:** La eficiencia en el mantenimiento de registros se traduce en una mejor asignación de recursos, lo que garantiza que los esfuerzos de gestión puedan centrarse en el crecimiento y las mejoras operativas en lugar de en búsquedas reconstructivas de registros.

Cumplimiento estatal

- **Gestión de la reputación:** El cumplimiento puntual de las obligaciones estatales, facilitado por unos registros organizados, no sólo mantiene la situación legal, sino que también mejora la reputación de la LLC ante los organismos reguladores, las instituciones financieras y los socios comerciales.

- **Evitar sanciones:** El mantenimiento sistemático de registros facilita el cumplimiento de los plazos y requisitos de presentación, lo que ayuda a evitar costosas sanciones y la posibilidad de disolución administrativa.

Mejores prácticas enriquecidas para el mantenimiento de registros y el cumplimiento de la normativa

Revisiones periódicas

- **Integración en el calendario:** Incorpore las revisiones periódicas al calendario de la empresa, tratándolas como tareas operativas obligatorias. Así se garantiza que reciban la atención y los recursos necesarios.
- **Participación de los miembros:** Implicar a los miembros en el proceso de revisión para fomentar una cultura de transparencia y responsabilidad colectiva en materia de cumplimiento.

Almacenamiento seguro

- **Soluciones en la nube:** Implantar soluciones de almacenamiento en la nube para los expedientes digitales, aprovechando las funciones de seguridad mejoradas y la facilidad de acceso. Asegúrese de que los servicios en la nube cumplen las normas del sector en materia de protección de datos y privacidad.

- **Seguridad física:** Para los registros físicos, utilice opciones de almacenamiento seguras, ignífugas y resistentes al agua. Considere el almacenamiento externo de los documentos críticos para mitigar los riesgos asociados a la ubicación física.

Asesoramiento profesional

- **Aprendizaje continuo: Colaborar con profesionales no sólo para comprobar el cumplimiento**, sino también como medio de aprendizaje continuo sobre cambios legislativos, mejores prácticas emergentes y normas del sector.

- **Experiencia diversa:** Colabore con diversos profesionales, como contables, asesores jurídicos y consultores empresariales, para cubrir todas las facetas del mantenimiento de registros y el cumplimiento normativo, beneficiándose de sus conocimientos especializados.

Las prácticas de mantenimiento meticuloso de registros y gestión proactiva del cumplimiento constituyen la columna vertebral de una LLC bien gobernada. No son meras tareas administrativas, sino prácticas estratégicas que salvaguardan la situación jurídica y financiera de la LLC, respaldan la excelencia operativa y garantizan la resistencia y adaptabilidad de la empresa en un entorno normativo dinámico. Al integrar estas prácticas en el tejido de las operaciones de la LLC y cultivar una cultura que valora la precisión, la transparencia y la previsión, los miembros de la LLC sientan una base sólida para el éxito y el crecimiento sostenidos.

CAPÍTULO 4:
Hacer crecer su LLC

Estrategias para crecer y ampliar su empresa

Para las sociedades de responsabilidad limitada (LLC), el crecimiento no es sólo un objetivo, sino una necesidad para el éxito a largo plazo. Sin embargo, ampliar un negocio requiere planificación estratégica, asignación de recursos y, a veces, un poco de creatividad. A continuación le explicamos cómo puede preparar su LLC para el crecimiento y gestionar eficazmente el proceso de ampliación.

1. Evalúe su posición actual

Antes de planificar el crecimiento, hay que tener una idea clara de la situación de la empresa. Esto implica analizar su salud financiera, sus capacidades operativas, su posición en el mercado y su panorama competitivo. Los indicadores clave de rendimiento (KPI), las opiniones de los clientes y las tendencias del mercado pueden ofrecer información valiosa sobre los puntos fuertes y las áreas de mejora de su empresa.

2. Defina sus objetivos de crecimiento

El crecimiento puede significar cosas diferentes para cada empresa. Puede consistir en ampliar la línea de productos, entrar en nuevos mercados, aumentar la base de clientes o mejorar la eficiencia operativa para obtener mayores márgenes de beneficio. Establecer objetivos específicos, mensurables, alcanzables, pertinentes y sujetos a plazos (SMART) le ayudará a orientar su estrategia de crecimiento y proporcionará metas claras a su equipo.

3. Desarrollar un modelo de negocio escalable

Un modelo de negocio escalable permite crecer sin el correspondiente aumento de los costes operativos. Esto puede implicar la automatización de procesos, la externalización de actividades no esenciales o la adopción de nuevas tecnologías para mejorar la eficiencia y la productividad. El objetivo es aumentar su capacidad para atender a más clientes o producir más bienes sin incrementar significativamente los gastos.

4. Garantizar la financiación del crecimiento

La expansión de una empresa suele requerir capital. Ya sea para contratar personal adicional, aumentar el inventario o invertir en marketing, tendrá que considerar sus opciones de financiación. Por ejemplo, reinvertir los beneficios, obtener un préstamo, buscar inversores o estudiar las subvenciones e incentivos públicos destinados a apoyar a las pequeñas empresas.

5. Centrarse en la satisfacción y retención del cliente

Los clientes satisfechos tienen más probabilidades de volver y recomendar su empresa a otras personas, lo que es vital para un crecimiento sostenible. Implantar sistemas de gestión de las relaciones con los clientes (CRM), solicitar opiniones y ofrecer un servicio de atención al cliente excepcional pueden ayudarle a fidelizarlos y fomentar la repetición.

6. Amplíe su alcance en el mercado

El crecimiento suele implicar llegar a nuevos clientes o mercados. Esto puede lograrse mediante diversas estrategias, como el marketing online, las campañas en redes sociales, la creación de redes, las asociaciones o incluso la expansión geográfica. Comprender a su público objetivo y cómo comunicarle eficazmente su propuesta de valor es clave.

7. Innove su oferta de productos o servicios

La innovación mantiene su empresa competitiva y atractiva para los clientes. Esto puede significar introducir nuevos productos o servicios, mejorar las ofertas existentes o adoptar tecnología punta. La innovación continua no sólo impulsa el crecimiento, sino que también ayuda a proteger su cuota de mercado frente a la competencia.

8. Refuerce su equipo

A medida que su empresa crezca, también lo hará su necesidad de contar con un equipo cualificado y motivado. Invertir en formación, desarrollo y una cultura empresarial positiva puede aumentar la satisfacción y retención de los empleados. Considere también la estructura de su equipo y si se necesitan nuevas funciones o conocimientos para apoyar sus objetivos de crecimiento.

9. Supervisar los progresos y ajustar las estrategias

Revise periódicamente sus estrategias de crecimiento en función de sus objetivos y de las condiciones del mercado. Prepárese para ajustar sus planes en función de los datos de rendimiento, la opinión de los clientes y otros indicadores pertinentes. La flexibilidad y la adaptabilidad son cruciales para superar los retos que plantea la expansión de una empresa.

El crecimiento y la ampliación requieren una combinación de planificación estratégica, ejecución y gestión continua. Al centrarse en estas áreas, su LLC puede aprovechar las oportunidades de crecimiento de forma más eficaz, superando los retos y aprovechando las nuevas oportunidades que surjan.

Opciones de financiación para las sociedades de responsabilidad limitada

Garantizar una financiación adecuada es crucial para el crecimiento y la expansión de su Sociedad de Responsabilidad Limitada (LLC). Ya sea para inversiones de capital, costes operativos o para apoyar la entrada en nuevos mercados, conocer las distintas opciones de financiación disponibles puede ayudarle a elegir el camino adecuado para sus necesidades empresariales.

A continuación le ofrecemos un resumen de las fuentes de financiación más comunes para las LLC y cómo pueden encajar en su estrategia de crecimiento.

1. Autofinanciación o Bootstrapping

Muchas LLC empiezan autofinanciándose con los ahorros personales de los propietarios o con los ingresos generados por la propia empresa. Aunque este planteamiento minimiza la deuda y la influencia externa, también limita su crecimiento al ritmo al que pueda permitirse financiarlo usted mismo.

- **Pros:** Mantiene el control; evita el endeudamiento.
- **Contras:** Limita el crecimiento; pone en riesgo el patrimonio personal.

2. Préstamos bancarios

Los préstamos bancarios tradicionales son una fuente habitual de financiación para las pequeñas empresas. Para obtener un préstamo, es probable que necesite un plan de negocio sólido, una buena calificación crediticia y, posiblemente, algún tipo de garantía.

- **Ventajas:** Acceso a importantes cantidades de capital; tipos de interés fijos.
- **Contras:** Requiere solvencia; a menudo exige garantías.

3. Préstamos de la Administración de Pequeñas Empresas (SBA)

La SBA ofrece diversos programas de préstamos diseñados para ayudar a las pequeñas empresas. Los préstamos de la SBA son emitidos por prestamistas participantes, pero están respaldados por el gobierno federal, lo que reduce el riesgo para los prestamistas y a menudo conduce a condiciones más favorables para los prestatarios.

- **Ventajas:** Pagos iniciales más bajos; plazos de amortización más largos.
- **Inconvenientes:** puede ser difícil cumplir los requisitos; el proceso de solicitud es largo.

4. Capital riesgo

El capital riesgo puede ser una opción si su LLC opera en un sector de alto crecimiento, como la tecnología o la biotecnología.

Las sociedades de capital riesgo invierten en una empresa a cambio de capital, aportando no solo capital, sino también experiencia empresarial y redes.

- **Pros:** Grandes cantidades de financiación; experiencia empresarial y redes.
- **Contras:** Pérdida de cierto control; altas expectativas de crecimiento.

5. Ángeles inversores

Los ángeles inversores son personas adineradas que aportan capital a empresas de nueva creación o pequeñas empresas a cambio de capital propio o deuda convertible. Pueden ser una buena fuente de financiación inicial y también pueden ofrecer una valiosa tutoría.

- **Pros**: Más dispuestos a asumir riesgos; tutoría potencialmente valiosa.
- **Inconvenientes**: limitación a inversiones de menor cuantía; desprendimiento de fondos propios.

6. Crowdfunding

Plataformas como Kickstarter e Indiegogo permiten a las empresas recaudar pequeñas cantidades de dinero de un gran número de personas, normalmente a cambio de acceso anticipado a productos, recompensas o capital. Esta opción también puede servir como herramienta de marketing para dar a conocer su producto o servicio.

- **Ventajas:** Acceso al capital sin endeudamiento; validación del mercado.
- **Contras:** consume tiempo; no hay garantía de alcanzar el objetivo de financiación.

7. Líneas de crédito

Una línea de crédito permite disponer de fondos hasta un determinado límite, pagando intereses sólo por la cantidad utilizada. Puede ser útil para gestionar fluctuaciones de tesorería o gastos imprevistos.

- **Ventajas:** Acceso flexible a los fondos; sólo paga intereses por lo que utiliza.
- **Contras:** tipos de interés más altos que los préstamos tradicionales; posibilidad de uso indebido.

8. Financiación de equipos

Si sus necesidades de expansión incluyen la compra de nuevos equipos, la financiación de equipos puede proporcionar los fondos específicamente para este fin, utilizando los propios equipos como garantía.

- **Ventajas:** No requiere garantías adicionales; el importe del préstamo está vinculado al valor del equipo.
- **Contras:** Limitado a la compra de equipos; posibilidad de obsolescencia.

Cada opción de financiación tiene sus propias ventajas y desventajas, y la mejor opción para su LLC dependerá de su situación específica, incluido su modelo de negocio, sector y objetivos de crecimiento. También es aconsejable consultar con un asesor financiero o contable para navegar por las complejidades de la financiación y asegurarse de que sus esfuerzos de crecimiento son sostenibles y están alineados con sus objetivos de negocio a largo plazo.

Contratación de empleados y gestión de nóminas

Ampliar su equipo es un paso importante en la expansión de su empresa. La contratación de empleados no sólo aumenta la capacidad operativa de su empresa, sino que también introduce nuevas habilidades e ideas. La gestión eficaz de este proceso implica varios pasos clave, desde la comprensión de las obligaciones legales hasta la creación de un sistema de nóminas. A continuación le explicamos cómo sortear las complejidades de la contratación de empleados y la gestión de nóminas en su LLC en crecimiento.

Comprender las obligaciones jurídicas

Número de identificación patronal (EIN)

- **Esencial para las operaciones:** Más allá de los fines fiscales, un EIN es necesario para abrir una cuenta bancaria de negocios, solicitar licencias comerciales, y la creación de su sistema de nómina. Básicamente, es el número de la seguridad social de su empresa.

- **Proceso de solicitud:** La obtención de un EIN es un proceso sencillo que puede realizarse en línea a través de la página web del IRS. No hay que pagar tasas y el número se emite inmediatamente después de completar la solicitud.

Legislación laboral

- **Cumplimiento exhaustivo:** Familiarizarse con la legislación laboral va más allá de comprender el salario mínimo y el pago de horas extraordinarias. Abarca el cumplimiento de la Ley de Normas Laborales Justas (FLSA), la adhesión a la igualdad de oportunidades de empleo, la navegación por las leyes de permisos familiares y médicos, y la garantía de un lugar de trabajo libre de acoso.

- **Variaciones estatales y locales:** Las leyes laborales pueden variar significativamente de un estado a otro e incluso entre jurisdicciones locales. Es fundamental consultar con un asesor jurídico o utilizar los recursos laborales estatales para asegurarse de que sus políticas y prácticas cumplen todas las leyes pertinentes.

Clasificación de los empleados

- **Impacto en impuestos y beneficios:** La clasificación errónea de los empleados como contratistas independientes puede acarrear importantes repercusiones legales y financieras, como impuestos atrasados, sanciones y la pérdida de prestaciones laborales.

- **Factores determinantes:** El IRS utiliza varios criterios para determinar la clasificación de los trabajadores, centrándose en el grado de control e independencia. Los factores incluyen el grado de control de la empresa sobre el trabajo realizado y los aspectos financieros del empleo del trabajador.

Documentación necesaria

- **Verificación de la elegibilidad para el empleo:** El formulario I-9 es necesario para que todos los empleados estadounidenses verifiquen su identidad y su elegibilidad para trabajar en Estados Unidos. Este formulario debe cumplimentarse en los tres días siguientes al inicio de la relación laboral y archivarse.

- **Formularios de retención de impuestos:** El formulario W-4 se utiliza para determinar el importe del impuesto federal sobre la renta que debe retenerse de la nómina de un empleado. Es posible que los empleados tengan que rellenar un nuevo formulario W-4 cuando cambie su situación personal o financiera.

Ampliar el proceso de contratación

- **Descripciones de puestos:** Elaborar descripciones claras y detalladas de los puestos es el primer paso para atraer a los candidatos adecuados. En ellas deben describirse las responsabilidades del puesto, las cualificaciones requeridas y los atributos deseados.

- **Estrategias de contratación:** Diversifique sus esfuerzos de contratación para incluir bolsas de trabajo en línea, foros específicos del sector y redes profesionales. Considere la posibilidad de trabajar con agencias de contratación para puestos especializados.

- **Entrevistas y selección:** Desarrolle un proceso de entrevistas estructurado que evalúe tanto las aptitudes técnicas como la adecuación cultural. Es importante tener en cuenta las consideraciones legales durante las entrevistas, evitando preguntas que puedan considerarse discriminatorias.

Establecer un sistema de nóminas eficaz

- **Elegir un sistema de nóminas:** Tanto si opta por el procesamiento manual de nóminas como por soluciones de software o servicios externalizados, elija un sistema que se adapte al tamaño, presupuesto y necesidades de su empresa. El software de nóminas puede automatizar muchos aspectos del proceso, como el cálculo de impuestos y los pagos.

- **Gestión continua**: La gestión de nóminas es una tarea continua que incluye estar al día de los cambios fiscales, procesar los pagos a tiempo y mantener registros precisos. La formación y las actualizaciones periódicas son esenciales para quien gestione las nóminas, ya sea internamente o mediante subcontratación.

Crear un entorno de trabajo propicio

- **Incorporación y formación:** Un proceso de incorporación exhaustivo ayuda a los nuevos empleados a integrarse en su equipo y a comprender sus funciones. Las oportunidades de formación continua pueden favorecer su desarrollo y contribución a tu LLC.

- **Integración cultural:** Fomentar una cultura de trabajo positiva que valore la colaboración, el respeto y la diversidad puede mejorar la cohesión del equipo y la productividad. La retroalimentación periódica y los canales de comunicación abiertos son fundamentales para lograrlo.

La contratación de empleados y la gestión de las nóminas representan pasos importantes en la ampliación de su LLC. Si conoce y cumple sus obligaciones legales, selecciona e integra cuidadosamente a los nuevos miembros del equipo y establece sistemas de nóminas eficientes, sentará las bases de un lugar de trabajo próspero, conforme a la normativa y armonioso.

Descripción de puestos

- **Detallar las expectativas y los requisitos:** Además de enumerar las responsabilidades y cualificaciones, la descripción del puesto debe articular el impacto de la función dentro de la organización y cómo contribuye a los objetivos más amplios de la LLC. Esto puede ayudar a atraer candidatos que se alineen con su misión y visión.

- **Inclusión y diversidad:** Asegúrese de que las descripciones de los puestos sean inclusivas, utilizando un lenguaje que anime a los candidatos de diversos orígenes a presentar su candidatura. Destaque los compromisos de la empresa con la diversidad, la equidad y la inclusión.

- **Transparencia sobre las condiciones de trabajo:** Sea claro sobre el lugar de trabajo (presencial, remoto, híbrido), las horas de trabajo, los requisitos de desplazamiento y cualquier otra expectativa. Esta claridad ayuda a gestionar las expectativas de los candidatos desde el principio.

Proceso de contratación

- **Ampliar el alcance:** Además de publicar en portales de empleo y redes sociales, considere los programas de recomendación de empleados, que pueden atraer a candidatos que ya tengan una opinión positiva de su empresa. Participar en ferias de empleo y conferencias del sector también puede ampliar su alcance.

- **Marca del empleador:** Utilice el sitio web de su empresa y las plataformas de las redes sociales para mostrar su cultura, sus valores y las experiencias de sus empleados. Una marca de empleador fuerte puede hacer que su empresa resulte más atractiva para los posibles candidatos.

- **Mecanismos de selección:** Implemente procesos de selección, como preguntas en la solicitud o vídeos preliminares, para calibrar el interés y las cualificaciones de los candidatos antes de la fase de entrevistas, ahorrando tiempo y recursos.

Entrevistas y selección

- **Entrevistas conductuales:** Adopte técnicas de entrevista conductual pidiendo a los candidatos que describan sus experiencias y resultados laborales anteriores. Este enfoque puede proporcionar una visión más profunda de sus habilidades, ética de trabajo y capacidad para resolver problemas.

- **Entrevistas en panel:** Considere la posibilidad de utilizar paneles de entrevistas, en los que participan varios entrevistadores de distintas partes de la empresa. Esto puede aportar perspectivas variadas sobre la idoneidad del candidato y ayudar a mitigar los prejuicios individuales.

- **Evaluación objetiva:** Utilice criterios estandarizados para evaluar a todos los candidatos con el fin de garantizar la equidad en el proceso de selección. Esto puede incluir tarjetas de puntuación o listas de comprobación basadas en la descripción del puesto y las competencias deseadas.

Incorporación

- **Programa estructurado:** Desarrolle un programa de incorporación estructurado que abarque los primeros meses de empleo. Incluye hitos de formación, controles periódicos e integración en el equipo.

- **Tutoría:** Asigne un mentor o compañero a los recién contratados para guiarles durante su periodo inicial en la empresa. Esto puede facilitar una integración más fluida en el equipo y en la cultura de la empresa.

- **Circuitos de retroalimentación:** Establezca mecanismos para que los nuevos empleados den su opinión sobre su experiencia de incorporación. Esta información puede ser muy valiosa para perfeccionar el proceso de incorporación con el tiempo.

Mejora continua de la selección y contratación de personal

- **Analizar las métricas:** Revise periódicamente las métricas de contratación, como el tiempo de contratación, la satisfacción de los candidatos y las tasas de retención de empleados, para identificar áreas de mejora.

- **Cumplimiento legal y formación:** Garantizar que todos los miembros del equipo que participan en el proceso de contratación reciben formación sobre las prácticas legales de contratación, incluida la comprensión de lo que constituye un interrogatorio discriminatorio.

- **Experiencia del candidato:** Tenga en cuenta la experiencia del candidato durante todo el proceso de contratación. Incluso los no seleccionados para un puesto pueden servir como embajadores de la marca si tuvieron una interacción positiva con su empresa.

Reclutar y contratar no consiste sólo en cubrir una vacante, sino en crear un equipo que impulse su LLC. Si se centra en la claridad, la equidad y la inclusión a lo largo de todo el proceso, podrá atraer, seleccionar y retener a los empleados que contribuirán al éxito y al crecimiento de su empresa.

Establecer un sistema de nóminas sólido

- **Elegir el sistema adecuado:** La decisión entre gestionar las nóminas internamente o recurrir a un servicio externo depende de varios factores, como el tamaño de la empresa, la complejidad de las nóminas y los recursos disponibles. Las pequeñas empresas pueden empezar con procesos internos y pasar a servicios externos a medida que crecen.

- **Integración con otros sistemas:** Considere cómo se integra su sistema de nóminas con otras herramientas y sistemas que utilice, como el software de contabilidad y las aplicaciones de seguimiento del tiempo. Una integración perfecta puede mejorar la eficiencia y reducir los errores.

- **Seguridad de los datos:** Los sistemas de nóminas contienen información sensible sobre los empleados. Garantizar la seguridad de estos datos es primordial, ya sea mediante soluciones de software encriptadas o prácticas de almacenamiento seguro con proveedores externos.

Gestión integral de los expedientes de los empleados

- **Precisión y privacidad:** Mantener registros precisos de la información de los empleados no es sólo un requisito legal; es una piedra angular de la confianza entre usted y sus empleados. Implante sistemas que garanticen la precisión y privacidad de los datos, incluido el almacenamiento seguro y el acceso restringido.

- **Actualizaciones continuas**: Los registros de los empleados son dinámicos, con cambios en las tarifas salariales, los puestos y la información personal. Establezca protocolos de actualización periódica para mantener la integridad de sus registros.

Navegar con precisión por los impuestos sobre la nómina

- **Requisitos de retención:** Entender los matices de la retención de las cantidades correctas para los impuestos federales, estatales y locales, junto con la Seguridad Social y Medicare, es crucial. Los errores en las retenciones pueden acarrear sanciones y el descontento de los empleados.

- **Depósitos y declaraciones periódicas:** Manténgase informado sobre los calendarios de depósito de los impuestos sobre las nóminas y los plazos de presentación de los impuestos. Revise periódicamente estas obligaciones, ya que pueden cambiar con la legislación.

- **Consideraciones específicas de cada estado:** Las obligaciones fiscales de las nóminas pueden variar significativamente de un estado a otro, especialmente en el caso de las LLC que operan en varios estados. Es esencial cumplir con los requisitos de cada estado, lo que puede requerir consultar con profesionales fiscales o utilizar servicios de nóminas con experiencia en operaciones multiestatales.

Mejorar el compromiso de los empleados mediante beneficios e incentivos

- **Personalización de los paquetes de prestaciones:** Un enfoque único de las prestaciones rara vez satisface las necesidades de todos los empleados. Ofrecer paquetes de prestaciones personalizables, en los que los empleados puedan elegir las opciones que mejor se adapten a su situación, puede aumentar significativamente el atractivo de su oferta.

- **Programas de bienestar: Más** allá de los beneficios tradicionales, considere la posibilidad de incorporar programas de bienestar, acuerdos de trabajo flexibles y otras iniciativas que contribuyan al bienestar general de los empleados.

- **Incentivos transparentes:** Comunique claramente cómo funcionan los incentivos al rendimiento y las estructuras de primas, alineándolos con objetivos mensurables. Esta transparencia garantiza que los empleados entiendan cómo contribuyen sus esfuerzos a los objetivos de la empresa y sus posibles recompensas.

Fomentar un entorno de trabajo positivo

- **Reconocimiento y crecimiento:** Cultive una cultura de reconocimiento reconociendo regularmente los logros de los empleados. Acompáñalo de vías claras de crecimiento y desarrollo profesional para mantener a tu equipo comprometido y motivado.

- **Circuitos de retroalimentación:** Implemente mecanismos tanto para dar como para recibir retroalimentación. Una cultura que valora la comunicación abierta puede adaptarse más fácilmente a los retos y las oportunidades.

El establecimiento de las nóminas y la gestión de las prestaciones no son sólo tareas administrativas, sino que forman parte integral de la creación de un equipo fuerte y motivado. Si aborda estas responsabilidades con diligencia, transparencia y compromiso con el bienestar de los empleados, sentará las bases de una cultura de trabajo próspera que puede impulsar significativamente a su LLC hacia la consecución de sus objetivos de crecimiento.

Estrategias de marketing y marca

A medida que su Sociedad de Responsabilidad Limitada (LLC) crece, la aplicación de estrategias eficaces de marketing y creación de marca resulta crucial para atraer a nuevos clientes, retener a los existentes y establecer una fuerte presencia en el mercado. Un plan de marketing bien elaborado no sólo comunica el valor de sus productos o servicios, sino que también crea lealtad a la marca y le diferencia de la competencia. A continuación le explicamos cómo desarrollar y ejecutar estrategias de marketing y marca para su empresa en crecimiento.

Defina su identidad de marca

Esencia de marca: El corazón de su marca

- **Valores fundamentales y misión:** Comience con una inmersión profunda en lo que su empresa realmente valora y su misión. No deben ser etiquetas superficiales, sino convicciones que impulsen cada decisión empresarial y cada interacción con el cliente. Por ejemplo, si la sostenibilidad es un valor fundamental, ¿cómo se manifiesta en sus operaciones, selección de productos o cadena de suministro?

- **Conexión emocional:** La esencia de la marca también tiene que ver con la resonancia emocional que su marca tiene con su público. Es la sensación que sienten los clientes cuando interactúan con su marca, ya sea confianza, emoción o un sentimiento de pertenencia. Esta capa emocional transforma a los clientes habituales en fieles defensores.

- **Proceso de destilación:** La elaboración de la esencia de su marca puede implicar talleres, entrevistas con clientes y análisis de la competencia para destilar lo que realmente diferencia a su empresa. Esta esencia se convierte entonces en la piedra de toque de todos sus esfuerzos de marca, garantizando que estén en consonancia con sus valores fundamentales y su misión.

Identidad visual: La expresión visual de su marca
- **Diseño de logotipos:** Su logotipo suele ser el primer punto de contacto entre su marca y los clientes potenciales. Debe encapsular la esencia de su marca de una manera visualmente atractiva. Tenga en cuenta la psicología de los colores, las formas y los tipos de letra y cómo se alinean con los valores de su marca. Por ejemplo, el verde puede evocar sentimientos de crecimiento y sostenibilidad, mientras que un tipo de letra atrevido y directo puede comunicar fiabilidad y fortaleza.

- **Esquemas de color y tipografía coherentes:** La coherencia en los elementos visuales crea una experiencia de marca cohesiva en todos los puntos de contacto, desde el sitio web hasta el envase y las redes sociales. Esta coherencia visual ayuda a reforzar el reconocimiento y el recuerdo de la marca. Resulta beneficioso crear una guía de estilo de la marca en la que se detallen las paletas de colores, la tipografía, los estilos de las imágenes y las directrices de uso.

- **Adaptabilidad:** Si bien la coherencia es clave, su identidad visual también debe ser adaptable a través de diferentes medios y plataformas. Asegúrese de que su logotipo y sus elementos de diseño son lo bastante versátiles como para ser eficaces tanto en formato digital como impreso y reconocibles tanto en color como en blanco y negro.

Voz de marca: la personalidad de su marca
- **Entender a su público:** Adaptar la voz de su marca para atraer a su público objetivo requiere un profundo conocimiento de sus preferencias, sus puntos débiles y su estilo de comunicación. Utilice los personajes de los clientes para orientar el desarrollo de una voz de marca que se dirija directamente a sus grupos demográficos clave.

- **Tono y lenguaje:** Tanto si la voz de su marca es profesional, informal, ingeniosa o autoritaria, el tono y el lenguaje deben ser coherentes en todas las comunicaciones escritas y orales. Esta coherencia ayuda a consolidar la personalidad de su marca y a hacerla familiar a su público.

- **Estrategia de contenidos**: La voz de tu marca debe informar tu estrategia de contenidos, guiando no sólo lo que dices sino cómo lo dices. Desde las entradas del blog y las actualizaciones de las redes sociales hasta los textos publicitarios y las interacciones con el servicio de atención al cliente, el tono y el lenguaje elegidos deben ser evidentes y reforzar la identidad de la marca en todo momento.

Al definir y aplicar su identidad de marca, recuerde que la autenticidad es crucial. La esencia, la identidad visual y la voz de su marca deben ser fiel reflejo de lo que representa su empresa. Al integrar la identidad de su marca en todos los aspectos de sus operaciones y comunicaciones, creará una marca potente y resonante capaz de atraer y retener a clientes fieles, sentando una base sólida para el crecimiento y el éxito de su empresa.

Conozca a su público objetivo

Estudios de mercado

- **Enfoque integral**: Utilice una combinación de métodos de investigación cualitativos y cuantitativos para obtener una comprensión holística de su público objetivo. Esto puede implicar el análisis de los datos de consumo existentes, la realización de encuestas en línea y la organización de grupos de discusión o entrevistas para obtener información directamente de los clientes potenciales o actuales.

- **Análisis de tendencias**: Preste atención a las tendencias emergentes en su sector y entre su público objetivo. El uso de herramientas como Google Trends o la escucha de las redes sociales puede proporcionar datos en tiempo real sobre lo que interesa a su público y cómo evolucionan sus necesidades.

Personajes de clientes

- **Perfiles detallados**: Al crear perfiles de clientes, incluya información demográfica (edad, sexo, nivel de ingresos), psicográfica (intereses, valores, puntos débiles) y de comportamiento (hábitos de compra, interacciones con la marca). Cuanto más detallados sean sus perfiles, más eficaces serán para orientar sus estrategias de marketing.

- **Utilice escenarios**: Desarrolle escenarios en los que sus clientes interactúen con su marca. Esto puede ayudarle a comprender las distintas trayectorias de los clientes y a adaptar sus mensajes y canales de marketing para llegar a ellos allí donde sean más receptivos.

Análisis de la competencia

- **Análisis DAFO**: Lleve a cabo un análisis DAFO (Debilidades, Amenazas, Fortalezas y Oportunidades) de sus competidores para identificar dónde puede su marca capitalizar las lagunas del mercado o aprovechar las ventajas. Comprender las estrategias de sus competidores también puede ayudarle a perfeccionar su propuesta de valor única.

- **Opiniones de los clientes**: No pase por alto la importancia de las opiniones y comentarios de los clientes sobre los productos o servicios de sus competidores. Esto puede poner de relieve lo que valora su público objetivo y dónde puede haber insatisfacción con las ofertas actuales del mercado.

Desarrollar un plan de marketing

Objetivos de marketing

- **Objetivos SMART**: Asegúrese de que sus objetivos de marketing son Específicos, Mensurables, Alcanzables, Relevantes y Limitados en el tiempo. Esta claridad guiará sus esfuerzos de marketing y le permitirá medir el éxito con precisión.

- **Alineación con los objetivos empresariales**: Sus objetivos de marketing deben apoyar directamente objetivos empresariales más amplios. Por ejemplo, si la expansión a un nuevo mercado es un objetivo empresarial, su objetivo de marketing podría centrarse en crear conciencia de marca en ese mercado.

Canales de comercialización

- **Enfoque omnicanal**: Considere la posibilidad de adoptar un enfoque omnicanal para garantizar una experiencia del cliente sin fisuras en todas las plataformas y puntos de contacto. Este enfoque requiere una coordinación cuidadosa, pero puede mejorar significativamente la percepción de la marca y la fidelidad del cliente.

- **Eficacia de los canales**: Evalúe periódicamente la eficacia de cada canal de marketing para alcanzar sus objetivos. Las herramientas de análisis pueden proporcionar información sobre el tráfico, la participación, las tasas de conversión y el retorno de la inversión, ayudándole a optimizar la selección de canales a lo largo del tiempo.

Estrategia de contenidos

- **Contenido orientado al valor**: El contenido debe aportar valor a la audiencia, ya sea resolviendo problemas, proporcionando información o entreteniendo. Este enfoque establece su marca como una autoridad de confianza en su campo.

- **Calendario de contenidos**: Desarrolle un calendario de contenidos para planificar y programar su contenido en todos los canales. Esto ayuda a garantizar una presencia coherente y estratégica que se alinea con fechas clave, lanzamientos de productos o eventos del sector.

Presupuesto
- **Rentabilidad**: Asigne su presupuesto en función de la rentabilidad de cada canal y estrategia. Los canales de marketing digital suelen ofrecer más flexibilidad y un ROI medible, lo que los convierte en opciones atractivas para empresas de todos los tamaños.

- **Flexibilidad**: Mantén cierta flexibilidad en tu presupuesto para aprovechar oportunidades inesperadas o para pivotar tu estrategia en función de la información y los análisis en tiempo real.

Al conocer a fondo a su público objetivo y planificar estratégicamente sus esfuerzos de marketing, posicionará su marca para conectar con los consumidores de forma más eficaz, diferenciarse en un mercado competitivo y lograr resultados empresariales tangibles. Recuerde que la clave del éxito radica en la evaluación y adaptación continuas de sus estrategias en función de las reacciones del mercado y los datos de rendimiento.

Aplicar, supervisar y ajustar
Puesta en práctica: Dar vida a su plan de marketing
- **Planificación detallada**: Antes de la ejecución, asegúrese de que todos los aspectos de su plan de marketing están claramente definidos, incluidos los plazos, los responsables y las acciones específicas necesarias para cada campaña o actividad. Esta planificación detallada minimiza la confusión y garantiza un enfoque cohesivo.

- **Coherencia de marca**: Mantenga un estricto cumplimiento de las normas de su marca en todas las actividades de marketing para garantizar una experiencia de marca unificada. La coherencia en la identidad visual, los mensajes y la voz de la marca refuerza su reconocimiento y la confianza de su público objetivo.

- **Coordinación interfuncional**: La implementación de marketing a menudo requiere la coordinación entre diferentes departamentos o equipos, desde creadores de contenido y comercializadores digitales hasta ventas y servicio al cliente. Facilite la comunicación y la colaboración periódicas para garantizar que todos los equipos estén alineados con los objetivos de marketing y puedan contribuir eficazmente.

Seguimiento y análisis: Medir el éxito y obtener información
- **Configuración de análisis**: Utilice herramientas de análisis sólidas para realizar un seguimiento del rendimiento de sus esfuerzos de marketing. Herramientas como Google Analytics para el tráfico web, los análisis de redes sociales para la participación y los sistemas CRM para el seguimiento de las conversiones pueden proporcionar información exhaustiva.

- **Indicadores clave de rendimiento (KPI)**: Identifique y controle las métricas clave que se alinean con sus objetivos de marketing. Por ejemplo, las cifras de generación de clientes potenciales, las tasas de conversión, el crecimiento del tráfico del sitio web, las métricas de participación en las redes sociales y las tasas de apertura del correo electrónico. El seguimiento regular de estos KPI le ayuda a comprender qué funciona y qué no.

- **Circuitos de retroalimentación**: Incorpore mecanismos para recabar opiniones de su público objetivo, como encuestas, interacciones en redes sociales y opiniones de clientes. Estos comentarios cualitativos pueden aportar contexto a los datos cuantitativos de sus análisis y ofrecer información sobre las percepciones y experiencias de los clientes.

Ajustes: Perfeccione sus estrategias para obtener un rendimiento óptimo

- **Decisiones basadas en datos**: Utilice los datos y la información recopilados de sus esfuerzos de supervisión para tomar decisiones informadas sobre los ajustes de sus estrategias de marketing. Esto podría implicar la reasignación del presupuesto a canales más eficaces, el perfeccionamiento de los mensajes o la introducción de cambios en la orientación de las campañas.

- **Agilidad y flexibilidad**: El panorama del marketing digital, en particular, es muy dinámico, ya que las preferencias de los consumidores y los algoritmos de las plataformas cambian con frecuencia. Adopte un enfoque ágil y esté preparado para reorientar sus estrategias en respuesta a estos cambios para mantener o mejorar la eficacia.

- **Mejora continua**: Considere sus esfuerzos de marketing como un ciclo continuo de planificación, ejecución, medición y perfeccionamiento. Esta mentalidad fomenta la mejora continua y ayuda a que sus estrategias de marketing evolucionen en consonancia con el crecimiento empresarial y los cambios del mercado.

- **Experimentación**: No evite experimentar con nuevas ideas, canales o tecnologías. Las pruebas a pequeña escala pueden revelar nuevas oportunidades de participación y crecimiento. Utiliza la información obtenida de estos experimentos para innovar y mantener tus estrategias de marketing actualizadas y relevantes.

Implementar, supervisar y ajustar sus esfuerzos de marketing no son tareas aisladas, sino procesos interconectados que impulsan el éxito de sus iniciativas de marketing. Si se centra en una ejecución meticulosa, aprovecha los análisis para obtener información y es proactivo a la hora de realizar ajustes basados en datos, podrá garantizar que sus estrategias de marketing respalden eficazmente sus objetivos empresariales y se adapten al panorama en constante evolución del comportamiento de los consumidores y la dinámica del mercado.

Aprovechar los comentarios y la participación de los clientes

Maximizar los comentarios de los clientes

- **Métodos de recogida estructurados**: Emplee diversos métodos para recoger las opiniones de los clientes, como encuestas, formularios de opinión en su sitio web, correos electrónicos directos y reseñas después de la compra. Herramientas como Net Promoter Score (NPS) pueden medir los niveles de lealtad y satisfacción de los clientes, proporcionando una medida cuantitativa para acompañar a los comentarios cualitativos.

- **Escuche y responda activamente**: Más allá de recoger opiniones, escuche activamente lo que dicen sus clientes en todos los canales, incluidas las redes sociales, las interacciones con el servicio de atención al cliente y las reseñas en línea. Agradezca sus comentarios, responda a sus preocupaciones de manera oportuna y hágales saber cómo se están utilizando sus aportaciones para realizar mejoras. Esta capacidad de respuesta refuerza el valor que tienen para su marca.

- **Incorpore las opiniones a las estrategias empresariales**: Utilice las opiniones de los clientes para orientar el desarrollo de productos, las mejoras de los servicios y las estrategias de marketing. Este enfoque no solo mejora su oferta, sino que demuestra a sus clientes que sus opiniones son fundamentales para dar forma a su empresa.

Fomentar el compromiso de los clientes

- **Crear contenido valioso**: Atraiga a su audiencia creando y compartiendo contenidos que sean valiosos, informativos y entretenidos. Utilícelos para iniciar conversaciones, animar a que se compartan y crear una comunidad. Adapte su contenido a los intereses y necesidades de su audiencia, identificados a través de los mecanismos de retroalimentación de sus clientes.

- **Aprovechar las plataformas de los medios sociales**: Utilice las plataformas de los medios sociales no sólo con fines promocionales, sino como foros para una auténtica participación. Organice sesiones en directo, segmentos de preguntas y respuestas y encuestas interactivas. Participe en conversaciones relevantes y utilice hashtags para aumentar su visibilidad y compromiso con temas de interés más amplios.

- **Organice eventos comunitarios y participe en ellos**: Ya sea en línea o en persona, los eventos son una forma poderosa de relacionarse con su audiencia. Organice seminarios web, talleres o reuniones comunitarias para conectar con sus clientes y ofrecerles experiencias valiosas. Participar en eventos del sector, ferias comerciales y eventos de la comunidad local también puede aumentar la visibilidad y el compromiso de su marca.

- **Recompensar la fidelidad**: Desarrolle programas de fidelización u ofrezca ventajas exclusivas a sus clientes frecuentes. Pueden ir desde descuentos y ofertas especiales hasta el acceso anticipado a nuevos productos o servicios. Este tipo de recompensas no solo agradecen a los clientes su fidelidad, sino que también incentivan la participación y la defensa continuas de su marca.

El impacto del feedback y el compromiso en el crecimiento

- **Crear defensores de la marca**: Los clientes que se sienten escuchados y valorados tienen más probabilidades de convertirse en defensores de la marca. Su boca a boca positivo y sus recomendaciones pueden mejorar significativamente la reputación de su marca y atraer a nuevos clientes.

- **Perfeccionamiento de las estrategias de marketing**: La información sobre la participación de los clientes puede proporcionar información en tiempo real sobre sus campañas de marketing, lo que le permite ajustar las tácticas, los mensajes y la orientación para obtener mejores resultados.

- **Impulsar la innovación de productos**: Los comentarios de los clientes son una mina de oro para la innovación, ya que ponen de manifiesto necesidades y preferencias no satisfechas que pueden impulsar el desarrollo de nuevos productos o la mejora de los servicios.

En esencia, la búsqueda activa de opiniones de los clientes y el fomento de la participación no son sólo prácticas beneficiosas, sino componentes esenciales de una estrategia de marketing y marca de éxito. Al adoptar estos enfoques, su LLC puede mejorar la satisfacción del cliente, estimular la innovación y construir una comunidad fuerte y leal que apoyará el crecimiento y el éxito de su marca.

CAPÍTULO 5:
Protección de su sociedad de responsabilidad limitada

Mantener el estatus legal de su LLC

Asegurarse de que su Sociedad de Responsabilidad Limitada (LLC) se mantiene en buen estado legal es crucial para proteger sus activos empresariales y personales, mantener la credibilidad y evitar sanciones. El cumplimiento regular de las normativas estatales y federales es la piedra angular para mantener el estatus legal de su LLC. Estos son los pasos clave y las consideraciones para mantener su LLC en cumplimiento y en buen estado.

Informes anuales y declaraciones estatales

- **Requisitos de contenido**: Los detalles de lo que debe incluirse en su informe anual o bienal pueden variar significativamente de un estado a otro. Por lo general, se trata de actualizar al estado la información operativa y de contacto de su LLC, como las direcciones actuales, los miembros activos y el agente registrado. También puede incluir información financiera, como activos y ganancias, en función de los requisitos del estado.

- **Valor estratégico**: Más allá del mero cumplimiento, estas presentaciones ofrecen una oportunidad para reflexionar sobre el crecimiento y los cambios operativos de su LLC. Pueden servir como un punto de control estructurado para garantizar que los registros de su empresa con el estado sigan siendo precisos y estén actualizados.

Tasas y procedimientos

- **Diferentes estructuras de tasas**: Aunque todos los estados exigen algún tipo de tasa de presentación de informes anuales, estas tasas pueden variar mucho. Algunos estados ofrecen una tasa fija, mientras que otros pueden escalar la tasa en función de los ingresos o activos anuales de su LLC.

- **Presentación en línea o en papel**: Muchos estados ofrecen ahora, o incluso exigen, la presentación en línea de informes anuales y otros documentos. La presentación en línea puede agilizar el proceso de presentación y proporcionar una confirmación inmediata de la recepción, lo cual es muy valioso para mantener el cumplimiento.

Cumplimiento de las obligaciones fiscales
Impuestos federales: Navegar por el panorama fiscal

- **Flexibilidad fiscal**: Una de las ventajas de una LLC es la flexibilidad en la forma de tributación. Comprender si su LLC es más adecuada para tributar como una entidad no considerada, una sociedad u optar por la tributación de una corporación S o C es crucial para optimizar sus obligaciones fiscales.

- **Impuestos especiales y sobre el empleo**: Si su LLC tiene empleados, es obligatorio cumplir con los requisitos de impuestos sobre el empleo, incluida la retención y el pago de la Seguridad Social, Medicare y el impuesto federal de desempleo. Del mismo modo, si su negocio implica bienes o servicios sujetos a impuestos especiales, tendrá que cumplir con estas responsabilidades fiscales adicionales.

Impuestos estatales y locales: Adaptación a requisitos diversos

- **Obligaciones variadas**: El panorama de los impuestos estatales y locales presenta un complejo mosaico de obligaciones, desde los impuestos sobre la renta y las ventas hasta los impuestos sobre la propiedad y las franquicias. Estas obligaciones no solo varían de un estado a otro, sino que también pueden diferir entre las distintas jurisdicciones locales de un mismo estado.

- **Consideraciones sobre el nexo:** Para las LLC que operan en varios estados, o que venden bienes y servicios a través de las fronteras estatales, entender dónde tiene un nexo fiscal (esencialmente, una presencia significativa) es fundamental para determinar sus obligaciones fiscales en cada estado.

Mantenimiento y actualizaciones del EIN

- **Mantener informado al IRS:** Si hay cambios significativos en su LLC, como un cambio de dirección, propiedad o estructura de la empresa, la actualización del IRS con estos cambios es crucial. Esto garantiza que su EIN siga siendo exacto y que cualquier comunicación u obligación relacionada con los impuestos se dirija correctamente.

Buenas prácticas para el cumplimiento de la normativa

- **Recordatorios** del calendario: Dada la variedad de plazos para los informes anuales, las declaraciones de impuestos y otros documentos normativos, establecer un calendario completo con todas las fechas clave es esencial para mantenerse al día de sus obligaciones.

- **Consulta con profesionales:** La complejidad de las leyes fiscales y las regulaciones estatales a menudo requiere la consulta con profesionales fiscales y asesores legales. Estos expertos pueden proporcionar asesoramiento personalizado para garantizar que su LLC cumpla con la normativa, optimice sus estrategias fiscales y navegue eficazmente por las presentaciones estatales.

- **Mantenimiento de registros:** El mantenimiento de registros exhaustivos y organizados es indispensable para el cumplimiento de la normativa. Esto no solo facilita la preparación de informes y declaraciones fiscales precisas, sino que también permite a su LLC responder eficazmente a cualquier consulta o auditoría de los organismos reguladores.

La adhesión a estas directrices para los informes anuales, las presentaciones estatales y el cumplimiento fiscal no sólo protege a su LLC contra sanciones y problemas legales, sino que también refuerza la base para el éxito y el crecimiento de su negocio.

Actualización de documentos operativos

Actualización de los acuerdos de explotación

- **Reflejar los cambios**: El Acuerdo Operativo de su LLC es un documento vivo que debe evolucionar con su negocio. A medida que su LLC crece o experimenta cambios en los miembros, la gestión o la estrategia operativa, el contrato de operación debe revisarse y modificarse en consecuencia para reflejar con exactitud la situación actual. Esto puede incluir ajustes en la distribución de beneficios, los derechos de voto o la incorporación de nuevos miembros.

- **Resolución de conflictos**: Un acuerdo operativo bien mantenido es muy valioso para abordar de forma preventiva posibles disputas entre los miembros. Al esbozar claramente los procesos de resolución de conflictos, las salidas de los miembros y otras cuestiones críticas, el Acuerdo sirve como referencia fundamental que puede guiar a los miembros a través de situaciones difíciles.

Mantenimiento de registros

- **Documentación exhaustiva**: El mantenimiento de registros meticulosos va más allá de las transacciones financieras e incluye las actas de las juntas de socios, los cambios en la estructura de la empresa, los acuerdos con socios o contratistas y los registros de cumplimiento de los requisitos normativos. Este enfoque exhaustivo le garantiza una relación detallada de la evolución y las operaciones de su empresa.

- **Accesibilidad y seguridad**: Asegúrese de que estos registros no sólo estén bien organizados, sino también almacenados de forma segura y fácilmente accesibles para el personal autorizado. La implantación de sistemas digitales de mantenimiento de registros con protocolos de copia de seguridad adecuados puede proteger contra la pérdida de datos y facilitar la recuperación eficiente de la información.

Licencias y permisos
Licencias comerciales

- **Cumplimiento de la normativa**: El panorama de las licencias y permisos empresariales es polifacético, con requisitos que varían ampliamente en función de la naturaleza de su negocio, su ubicación y las jurisdicciones en las que opera. Mantenerse informado de las licencias específicas que necesita su LLC -desde licencias profesionales hasta permisos sanitarios y de seguridad- es esencial para un funcionamiento legal.

- **Requisitos locales, estatales y federales**: Sea proactivo en la investigación y la comprensión de los requisitos de concesión de licencias en todos los niveles de gobierno. Las licencias comerciales locales de la ciudad o el condado, las licencias profesionales específicas del estado y los permisos federales para industrias reguladas son consideraciones que pueden aplicarse a su LLC.

Renovaciones

- **Seguimiento y puntualidad**: Desarrolle un sistema de seguimiento de las fechas de caducidad y renovación de todas las licencias y permisos. Establecer recordatorios con suficiente antelación a estas fechas puede evitar que se pierda la autorización legal para operar, lo que podría dar lugar a multas, sanciones o interrupciones operativas.

- **Revisión periódica para detectar cambios**: A medida que su negocio evoluciona, revise periódicamente sus actividades para determinar si se requieren nuevas licencias o permisos o si los existentes necesitan modificaciones. La expansión a nuevas ubicaciones, la diversificación de los servicios o los cambios en las leyes reguladoras pueden requerir la actualización de sus licencias.

Buenas prácticas para la gestión de documentos y el cumplimiento de la normativa

- **Auditorías periódicas**: Realice auditorías periódicas de sus documentos operativos, licencias y permisos para asegurarse de que todo está al día y cumple la normativa. Esto puede ser facilitado por profesionales jurídicos o de cumplimiento especializados en su sector.

- **Herramientas de gestión digital**: Aproveche las herramientas y plataformas de gestión digital que pueden ayudar a realizar un seguimiento de las actualizaciones de documentos, las renovaciones de licencias y el cumplimiento normativo. Muchas soluciones de software ofrecen funciones como el almacenamiento de documentos, sistemas de recordatorio y gestión del flujo de trabajo para agilizar estos procesos.

- **Compromiso** con profesionales jurídicos: Establezca una relación con un asesor jurídico familiarizado con su sector y jurisdicción operativa. Pueden proporcionarle una orientación inestimable sobre cuestiones de cumplimiento, ayudarle con la redacción y revisión de documentos y ofrecerle asesoramiento estratégico sobre las protecciones legales para su LLC.

Al dar prioridad al mantenimiento de los documentos operativos y a la gestión de licencias y permisos, no sólo garantiza la integridad jurídica de su LLC, sino que también sienta unas bases sólidas para su buen funcionamiento y crecimiento potencial. Estas prácticas son esenciales para crear una empresa resistente, competitiva y que cumpla las normas. Inicio del módulo

Cumplimiento legal
Cumplimiento de la legislación estatal

- **Comprender la normativa específica de cada estado:** Estados Unidos ofrece un mosaico de leyes empresariales, y cada estado tiene su propio conjunto de normas que rigen las LLC. Éstas pueden incluir requisitos de constitución, directrices operativas, obligaciones de información anual y procesos de disolución. Es imprescindible que los propietarios de una LLC conozcan el entorno jurídico específico de los estados en los que operan.

- **Mantenerse al día de los cambios legislativos:** Las leyes y los reglamentos no son estáticos; pueden evolucionar en respuesta a nuevos precedentes legales, ajustes legislativos o cambios en la política. Mantenerse informado sobre estos cambios es crucial. Esto puede implicar suscribirse a boletines jurídicos, asistir a seminarios pertinentes o consultar a un asesor jurídico especializado en derecho empresarial.

- **Adaptación a los cambios:** Cuando las leyes cambian, su LLC puede necesitar ajustar sus operaciones, actualizar su Acuerdo Operativo o reevaluar sus estrategias fiscales. Una adaptación proactiva a los cambios legales puede evitar problemas de cumplimiento y aprovechar las nuevas oportunidades que ofrecen las novedades legislativas.

Obligaciones contractuales

- **Revisión y negociación de contratos:** Todos los contratos que celebre su LLC deben revisarse minuciosamente para garantizar que se ajusten a los intereses de su empresa y cumplan con las leyes aplicables. Las negociaciones de contratos deben tener como objetivo términos que sean favorables para su LLC y, al mismo tiempo, justos y legales. Considere la posibilidad de involucrar a un profesional del derecho en los procesos de revisión y negociación para salvaguardar sus intereses.

- **Cumplimiento de los términos contractuales**: Una vez firmado un contrato, su LLC está legalmente obligada a cumplir sus términos. No hacerlo puede dar lugar a disputas legales, sanciones económicas y daños a la reputación de su empresa. Los sistemas eficaces de gestión de contratos pueden ayudar a realizar un seguimiento de las obligaciones y los plazos, garantizando que todos los términos se cumplan en tiempo y forma.

- **Documentación y mantenimiento de registros**: Mantenga registros detallados de todos los contratos y acuerdos celebrados por la LLC. Esta documentación debe incluir los contratos originales, cualquier enmienda o apéndice, y los registros de cumplimiento o incumplimiento. Estos documentos pueden ser fundamentales en caso de litigio o auditoría.

Buenas prácticas para el cumplimiento de la legislación

- **Auditorías legales periódicas**: Realice auditorías legales periódicas de su LLC para evaluar el cumplimiento en todas las áreas de operación. Esto puede ayudar a identificar posibles problemas antes de que se conviertan en problemas legales.

- **Asesoramiento jurídico profesional**: Establezca una relación con un asesor jurídico que entienda su sector y pueda ofrecerle orientación continua sobre cuestiones de cumplimiento normativo. Los profesionales del derecho pueden ofrecer conocimientos sobre gestión de riesgos, derecho contractual y cumplimiento normativo que resultan muy valiosos para mantener la salud jurídica de su LLC.

- **Formación sobre cumplimiento para empleados**: Si su LLC tiene empleados, asegúrese de que reciben formación sobre las cuestiones legales y de cumplimiento pertinentes. Esto es especialmente importante para los empleados que participan en la gestión de contratos, la elaboración de informes financieros o las operaciones que están muy reguladas.

- **Capacidad de respuesta ante cuestiones jurídicas:** En caso de que surjan problemas legales, abordarlos con prontitud y a fondo. Esto puede implicar investigaciones internas, acciones correctivas o negociaciones para resolver disputas. Un enfoque proactivo y receptivo puede mitigar los posibles daños y demostrar el compromiso de su LLC con la integridad jurídica.

Al dar prioridad al cumplimiento legal, su LLC puede navegar por las complejidades del derecho empresarial con confianza. Las revisiones periódicas, el asesoramiento profesional y una postura proactiva respecto a las obligaciones contractuales y normativas garantizarán que su empresa se mantenga en buen estado, lista para aprovechar las oportunidades y afrontar los retos con una base jurídica sólida.

Informes anuales y otros requisitos de cumplimiento

Para las Sociedades de Responsabilidad Limitada (LLC), estar al día de los informes anuales y los requisitos de cumplimiento es fundamental para mantener una buena reputación ante las autoridades estatales. Estas obligaciones varían según el estado, pero generalmente implican la presentación de informes periódicos y el pago de tasas al Secretario de Estado u organismo regulador similar.

Veamos qué suelen incluir estos informes, por qué son importantes y otras consideraciones relativas al cumplimiento.

Finalidad de los informes anuales

- **Transparencia y responsabilidad**: El objetivo principal de un informe anual es proporcionar al estado una instantánea de la situación y las operaciones actuales de su LLC. Este nivel de transparencia apoya la capacidad del estado para regular las empresas de manera eficaz y garantiza que el público, incluidos los posibles inversores y socios, tenga acceso a información precisa sobre las empresas que operan dentro del estado.

- **Actualización de la información comercial**: Los informes anuales permiten a su LLC actualizar cualquier cambio en la información crítica, como cambios en la membresía, la administración o las direcciones comerciales. Esto mantiene el registro público de su negocio preciso y actualizado, lo cual es esencial para las notificaciones legales y los controles de cumplimiento.

Frecuencia de presentación y plazos

- **Comprender los requisitos estatales**: El requisito de presentar un informe anual o bienal y los plazos específicos vienen determinados por el estado en el que esté registrada su LLC. Algunos estados pueden ofrecer un período de gracia más allá de la fecha límite, pero lo mejor es presentar el informe con suficiente antelación para evitar problemas de última hora.

- **Gestión del calendario**: Para gestionar estos plazos variables, especialmente si opera en varios estados, es aconsejable mantener un calendario completo de plazos de presentación adaptado a las jurisdicciones en las que opera su LLC. Este enfoque proactivo garantiza que no se incumplan los plazos de presentación, manteniendo el cumplimiento y la buena reputación de su LLC.

Tasas y pagos

- **Estructura de las tasas**: La tasa de presentación de un informe anual puede oscilar entre una cantidad simbólica y varios cientos de dólares, dependiendo del estado. Algunos estados pueden calcular la tasa en función de los ingresos anuales de la LLC o del número de miembros, por lo que es importante conocer la estructura de tasas específica de su estado.

- **Métodos de pago**: Los Estados suelen ofrecer múltiples métodos de pago para las tasas de presentación, incluidos los pagos en línea, cheques o giros postales. Optar por el pago en línea, cuando esté disponible, puede agilizar el proceso de presentación y proporcionar una confirmación inmediata de la recepción.

Consecuencias del incumplimiento

- **Tasas y sanciones por demora**: No presentar un informe anual a tiempo puede dar lugar a cargos por demora, multas e intereses. Estos costes pueden acumularse con el tiempo, añadiendo una carga financiera innecesaria a su LLC.

- **Riesgo de disolución administrativa**: Más importante aún, el incumplimiento continuado puede conducir a la disolución administrativa por parte del estado, lo que significa que su LLC podría perder su estatus legal. Esto puede afectar a su capacidad para operar legalmente, celebrar contratos y acceder a los tribunales en caso de disputas empresariales.

- **Procesos de restablecimiento**: Si su LLC se disuelve o deja de estar en regla, la mayoría de los estados ofrecen un proceso de restablecimiento para recuperar el cumplimiento. Sin embargo, este proceso puede llevar mucho tiempo y ser costoso, ya que implica no solo las tasas y sanciones originales, sino también tasas de restablecimiento y papeleo adicionales.

Buenas prácticas para gestionar la presentación de informes anuales

- **Revisiones periódicas**: Realice revisiones periódicas de la información operativa y de contacto de su LLC para asegurarse de que los datos que comunica son precisos y reflejan el estado actual de su empresa.

- **Asistencia profesional**: Considere la posibilidad de contratar un servicio profesional o asesor legal para ayudar con la preparación y presentación de sus informes anuales, especialmente si su LLC opera en varios estados. Esto puede garantizar la precisión y puntualidad en el cumplimiento de los requisitos estatales.

- **Aproveche los recordatorios y la automatización**: Muchos estados ofrecen servicios de recordatorio o notificaciones electrónicas para las próximas declaraciones. Inscribirse en estos servicios, o configurar sus propios recordatorios en el software de gestión empresarial, puede ayudarle a evitar el incumplimiento de los plazos.

Comprender y priorizar la presentación de informes anuales de su LLC es clave para garantizar el cumplimiento continuo, evitar sanciones y mantener la credibilidad y la posición legal de su empresa. Si te mantienes informado sobre los requisitos de presentación, gestionas los plazos con cuidado y abordas con prontitud cualquier cambio en la estructura o las operaciones de tu empresa, podrás navegar sin problemas por este aspecto esencial de la gestión empresarial.

Licencias y permisos comerciales

- **Cumplimiento exhaustivo**: Realice una revisión exhaustiva de la normativa local, estatal y federal para identificar todas las licencias y permisos necesarios para su tipo específico de negocio. Esto puede incluir licencias profesionales, permisos sanitarios y de seguridad, y permisos medioambientales, entre otros. El sitio web de la Agencia Federal para el Desarrollo de la Pequeña Empresa (SBA) y la Cámara de Comercio local pueden ser recursos valiosos en este proceso.

- **Calendario de renovación**: Las licencias y permisos tienen distintos calendarios y tasas de renovación. Implemente un sistema de seguimiento, como un calendario digital o un programa informático especializado en cumplimiento normativo, para controlar los plazos de renovación y presupuestar los costes asociados. Este enfoque proactivo evita que se pierda la autoridad legal para operar.

Declaraciones fiscales

- **Comprender las obligaciones fiscales**: Familiarícese con las obligaciones fiscales que se aplican a su LLC, que pueden variar significativamente en función de la estructura de su negocio, la ubicación y la naturaleza de sus operaciones. Considere la posibilidad de consultar con un profesional fiscal que pueda ofrecerle orientación adaptada a su situación específica, ayudándole a navegar por los complejos códigos fiscales y aprovechar las posibles ventajas fiscales.

- **Declaraciones periódicas:** Manténgase al día de las declaraciones fiscales periódicas para evitar sanciones e intereses. Esto incluye no sólo los impuestos federales y estatales sobre la renta, sino también los impuestos sobre las ventas, los impuestos sobre el empleo y cualquier otro impuesto específico de su sector. Utilizar software o servicios de preparación de impuestos puede agilizar este proceso y garantizar la precisión.

Actualizar el Estado sobre los cambios

- **Requisitos de notificación**: La mayoría de los estados exigen que les notifique formalmente los cambios significativos en la estructura de su LLC o en la información de contacto. Esto puede implicar la presentación de "Artículos de Enmienda" o documentación similar. No notificar estos cambios puede dar lugar a información errónea en los registros públicos y a posibles complicaciones legales.

- **Mantener la información actualizada:** Revise regularmente la información archivada en el estado para asegurarse de que refleja el estado actual de su LLC. Esto incluye verificar la información del agente registrado, ya que son cruciales para recibir documentos legales en nombre de su LLC.

Actualización de los acuerdos de explotación

- **Documento dinámico**: El Acuerdo Operativo sirve como manual interno para su LLC, describiendo los derechos, responsabilidades y marco de procedimiento para los miembros y la administración. A medida que su LLC evoluciona, la revisión y actualización de este documento garantiza que siga siendo relevante y eficaz a la hora de guiar sus operaciones empresariales y resolver disputas internas.

- **Consenso de los miembros:** Los cambios en el Acuerdo Operativo generalmente requieren el consenso de los miembros, tal y como se estipula en el propio acuerdo. Documentar estos cambios y obtener el consentimiento por escrito de todos los miembros es esencial para mantener la transparencia y garantizar que todas las partes estén alineadas.

Buenas prácticas para la gestión del cumplimiento

- **Auditorías periódicas de cumplimiento**: La realización de auditorías periódicas de su estado de cumplimiento en todas las áreas puede ayudar a identificar posibles problemas antes de que se conviertan en problemas. Esto incluye la revisión de sus licencias comerciales, obligaciones fiscales, declaraciones estatales, y la exactitud y pertinencia de su Acuerdo Operativo.

- **Apoyo profesional**: La contratación de profesionales, como asesores jurídicos y especialistas fiscales, puede proporcionar un apoyo inestimable en la gestión de las obligaciones de cumplimiento. Estos expertos pueden ofrecer información actualizada sobre cambios normativos, asesoramiento estratégico sobre planificación fiscal y asistencia en la redacción o revisión de documentos legales.

- **Recursos educativos**: Aproveche los recursos educativos que ofrecen las asociaciones empresariales locales, la SBA y las plataformas en línea para mantenerse informado sobre los requisitos de cumplimiento y las mejores prácticas. La formación continua es clave para navegar por un panorama normativo en constante cambio.

Mediante la gestión diligente de estas obligaciones de cumplimiento, puede asegurarse de que su LLC se mantiene en buen estado, reduciendo el riesgo de desafíos legales y sanciones financieras al tiempo que fomenta un entorno operativo estable y transparente.

Por qué es importante el cumplimiento

Mantener el cumplimiento de los requisitos estatales no sólo consiste en evitar sanciones o tasas. También se trata de proteger el estatus legal de su LLC, lo que preserva la protección de responsabilidad limitada que es uno de los principales beneficios de la estructura de LLC. Además, estar en regla mejora la credibilidad de su empresa ante bancos, inversores, socios y clientes.

Estrategias para cumplir la normativa
Recordatorios del calendario

- **Integración del calendario digital:** Utilice calendarios digitales para establecer recordatorios detallados de los plazos relacionados con el cumplimiento. Esto debería incluir no solo las fechas de vencimiento de las declaraciones y los pagos, sino también los puntos de control preparatorios para asegurarse de que dispone de tiempo suficiente para reunir los documentos y la información necesarios.

- **Calendario de cumplimiento**: Cree un calendario de cumplimiento exhaustivo que describa todas las fechas clave en un único documento o plataforma digital. Esta herramienta visual puede ser muy valiosa para la planificación, especialmente cuando se coordina con miembros del equipo o asesores externos.

Asistencia profesional

- **Crear un equipo de cumplimiento:** Para las LLC con operaciones más complejas, considere la creación de un equipo dedicado al cumplimiento o la designación de un responsable de cumplimiento. Este equipo o persona puede trabajar en estrecha colaboración con el abogado y el contable de la empresa para garantizar que se cubren todos los aspectos del cumplimiento.

- **Consultas legales y financieras continuas**: Establezca una rutina de consultas periódicas con sus asesores jurídicos y financieros. Estas sesiones pueden servir para revisar las próximas obligaciones, debatir cambios en su empresa que puedan afectar al cumplimiento y elaborar estrategias de planificación fiscal y gestión de riesgos legales.

Recursos en línea
- **Utilizar portales estatales y federales**: Más allá de los portales de presentación y pago, muchas agencias estatales y federales ofrecen recursos completos para las empresas. Pueden incluir preguntas frecuentes, seminarios web y directrices sobre temas de cumplimiento. La revisión periódica de estos recursos puede proporcionar información sobre las mejores prácticas y los cambios en los requisitos.

- **Suscripción a actualizaciones**: Muchas plataformas jurídicas y empresariales en línea ofrecen servicios de suscripción que le avisan de los cambios en las leyes, los requisitos de presentación de documentos y las noticias sobre el cumplimiento de normativas específicas del sector. Aprovechar estos servicios puede ayudarle a anticiparse a las nuevas obligaciones.

Revisiones periódicas
- **Auditorías de cumplimiento**: Establezca un calendario para realizar auditorías internas de cumplimiento. Estas revisiones pueden evaluarlo todo, desde el mantenimiento de registros financieros y la declaración de impuestos hasta los permisos operativos y las políticas de RRHH. La detección precoz de lagunas permite tomar medidas correctivas a tiempo.

- **Listas de control y software de cumplimiento**: Utilice listas de comprobación o software de gestión del cumplimiento para revisar sistemáticamente la adhesión de su LLC a las obligaciones legales y fiscales. Estas herramientas pueden ayudar a garantizar que no se pasa nada por alto y pueden agilizar el proceso de revisión.

Estrategias adicionales para mejorar el cumplimiento
- **Formación y educación**: Forme periódicamente a su equipo en cuestiones de cumplimiento relacionadas con sus funciones. Esto

puede incluir formación sobre leyes laborales, requisitos de información financiera y normativas específicas del sector. Un equipo informado es una línea de defensa crucial contra los descuidos en materia de cumplimiento.

- **Sistema de gestión de documentos:** Implantar un sistema eficaz de gestión de documentos que permita organizar, acceder y recuperar fácilmente los documentos relacionados con el cumplimiento. Este sistema puede ser muy valioso durante las auditorías, las investigaciones legales o simplemente para gestionar las tareas anuales de cumplimiento.

- **Compromiso con grupos industriales:** Participe en asociaciones o grupos industriales relacionados con su sector empresarial. Pueden ser excelentes fuentes de información sobre buenas prácticas, nuevas tendencias en materia de cumplimiento y oportunidades para establecer contactos con colegas que se enfrentan a retos similares.

Mediante el empleo de estas estrategias, su LLC puede navegar por las complejidades del cumplimiento con mayor confianza y eficiencia. La gestión activa del cumplimiento no solo cumple las obligaciones legales, sino que también contribuye al éxito y la sostenibilidad a largo plazo de su empresa.

Gestión de riesgos mediante seguros

Para las Sociedades de Responsabilidad Limitada (LLC), la gestión de riesgos mediante seguros es un componente estratégico para mantener la salud de la empresa y protegerse contra imprevistos. Los seguros no sólo protegen los activos e ingresos de la empresa, sino que también ofrecen tranquilidad a los propietarios, empleados y clientes. Comprender los tipos de seguros disponibles y determinar qué cobertura es necesaria para su LLC son pasos fundamentales en la gestión de riesgos.

Tipos de seguros para sociedades de responsabilidad limitada

1. **Seguro de responsabilidad civil general:** Cubre las reclamaciones por daños corporales, materiales y publicitarios. Este seguro básico es crucial para prácticamente todas las empresas, ya que proporciona una red de seguridad frente a los riesgos más comunes.

2. **Seguro de responsabilidad profesional (errores y omisiones):** Esencial para las empresas que prestan servicios o asesoramiento. Protege frente a reclamaciones por negligencia, tergiversación o incumplimiento de las obligaciones profesionales.

3. **Seguro de bienes:** Protege los activos físicos de la empresa frente a incendios, robos y catástrofes naturales. Si su LLC posee o alquila oficinas o equipos, este seguro es vital.

4. **Seguro de accidentes laborales:** Obligatorio en la mayoría de los estados si su LLC tiene empleados. Cubre los gastos médicos y los salarios perdidos por lesiones y enfermedades relacionadas con el trabajo.

5. **Seguro de responsabilidad civil por productos defectuosos:** Importante para empresas que fabrican, distribuyen o venden productos. Cubre los daños y perjuicios causados por un producto fabricado o vendido por su empresa.

6. **Seguro de responsabilidad cibernética:** Ofrece protección a las empresas que manejan información confidencial de clientes o dependen en gran medida de operaciones digitales. Cubre las pérdidas derivadas de filtraciones de datos, ciberataques y amenazas de seguridad relacionadas.

7. **Seguro de administradores y directivos (D&O):** Protege el patrimonio personal de los administradores y directivos de la

sociedad en caso de que sean demandados por actos ilícitos durante la gestión de la empresa. Esto puede ser relevante para las LLC más grandes con una estructura de consejo corporativo.

8. **Seguro de interrupción de la actividad:** Compensa la pérdida de ingresos durante los periodos en que la empresa no puede funcionar debido a una catástrofe asegurada, como un incendio o una catástrofe natural.

Evaluar sus necesidades de seguro

- **Evaluación de riesgos:** Lleve a cabo una evaluación de riesgos exhaustiva para identificar las amenazas potenciales para su empresa, teniendo en cuenta su sector, tamaño, ubicación y complejidades operativas.

- **Cobertura personalizada**: Las necesidades de seguro varían mucho de una empresa a otra. Adapte su cartera de seguros para abordar los riesgos específicos a los que se enfrenta su LLC.

- **Análisis coste-beneficio**: Sopese el coste de las primas con el posible impacto financiero de no tener cobertura. Optar por franquicias más elevadas puede reducir las primas, pero exige que la empresa disponga de efectivo suficiente para cubrir los costes en caso de siniestro.

Aplicación de un plan de gestión de riesgos

- **Revisión continua**: Revise y actualice periódicamente su cobertura de seguro para reflejar los cambios en su negocio, como nuevas operaciones, ubicaciones o un crecimiento significativo.

- **Educación de los empleados**: Asegúrese de que los empleados entienden sus pólizas de seguros, especialmente las que implican estrategias de seguridad y mitigación de riesgos.

- **Consejo profesional**: Consulte a un corredor o agente de seguros especializado en cobertura empresarial. Pueden ofrecerte información valiosa sobre los tipos de pólizas que mejor se adaptan a tus necesidades y ayudarte a encontrar tarifas competitivas.

El seguro es un componente fundamental de una estrategia integral de gestión de riesgos para las LLC. Si contrata los tipos y niveles de seguro adecuados, podrá proteger su empresa de pérdidas financieras significativas y garantizar su funcionamiento y crecimiento continuos, incluso ante problemas imprevistos.

Cómo gestionar los litigios

La resolución de litigios es una realidad a la que muchas sociedades de responsabilidad limitada (LLC) pueden enfrentarse en algún momento. La gestión eficaz de estas disputas no sólo ayuda a resolver los problemas de manera más eficiente, sino también a preservar la reputación y la estabilidad financiera de la empresa.

A continuación se exponen enfoques estratégicos para la gestión de litigios en su LLC:

1. **Prevención mediante acuerdos y políticas claros**
   - **Contratos y acuerdos**: Asegúrese de que todos los tratos comerciales estén cubiertos por contratos claramente redactados y legalmente verificados. Esto incluye acuerdos con socios, proveedores, empleados y clientes.

   - **Políticas internas**: Desarrolle políticas internas exhaustivas que cubran las prácticas de empleo, los procedimientos de resolución de conflictos y los protocolos operativos. Unas directrices claras pueden evitar malentendidos que desemboquen en conflictos.

2. **Identificación y comunicación tempranas**
   - **Vigilancia:** Manténgase alerta ante cualquier indicio de posibles disputas, ya sea con empleados, socios o entidades externas. Una identificación temprana permite más opciones de resolución.

- **Diálogo abierto**: A menudo, los conflictos surgen de malentendidos que pueden resolverse mediante la comunicación directa. Intenta abordar los problemas abierta y rápidamente antes de que se agraven.

3. **Recurso a la mediación y al arbitraje**
   - **Mediación**: Proceso voluntario en el que un tercero neutral ayuda a las partes en conflicto a alcanzar una solución mutuamente aceptable. La mediación es menos formal que los tribunales y puede ser una forma rentable de resolver conflictos manteniendo las relaciones comerciales.

   - **Arbitraje**: Un árbitro neutral toma una decisión vinculante sobre el litigio. Aunque es más formal que la mediación, el arbitraje suele ser más rápido y menos costoso que un litigio judicial.

4. **Representación legal**
   - **Consulte con abogados**: Una consulta temprana con un abogado puede proporcionar información valiosa sobre su situación jurídica y las opciones para la resolución de conflictos. Elija abogados con experiencia en derecho mercantil y, si es posible, en su sector específico.

   - **Contratar a un abogado: Para disputas más significativas, especialmente aquellas que pueden** llegar a los tribunales, contar con representación legal es crucial. Un abogado puede navegar por las complejidades del sistema legal y abogar en nombre de su LLC.

5. **Considerar el impacto en las operaciones empresariales**
   - **Planificación de la continuidad del negocio**: Las disputas legales pueden llevar mucho tiempo y distraer de las operaciones diarias. Disponga de un plan para garantizar que su empresa siga funcionando eficazmente durante el litigio.

- **Gestión de la reputación**: Considere el impacto potencial de la disputa en la reputación de su empresa. En algunos casos, resolver el problema de forma rápida y discreta puede ser preferible a interminables batallas legales.

6. **Consideraciones sobre la liquidación**
   - **Análisis coste-beneficio**: Evalúe los costes de iniciar o defender un litigio frente a los posibles beneficios. A veces, llegar a un acuerdo extrajudicial puede ser la opción más práctica y económicamente sensata.

   - **Acuerdos de confidencialidad**: Si se llega a un acuerdo, considere si es apropiado un acuerdo de confidencialidad para proteger la privacidad de las partes y los detalles del acuerdo.

7. **Aprendizaje y revisión de políticas**
   - **Revisar los resultados**: Una vez resuelto un conflicto, revise el resultado y el proceso. ¿Qué se puede aprender y cómo evitar conflictos similares en el futuro?

   - **Actualización de políticas**: Utilice los conocimientos adquiridos para actualizar contratos, políticas y procedimientos, reforzando la posición de su LLC y reduciendo la probabilidad de futuras disputas.

La gestión eficaz de los litigios requiere un equilibrio entre la comunicación abierta, las estrategias jurídicas y las consideraciones empresariales. Mediante la adopción de un enfoque proactivo y estratégico para la resolución de conflictos, su LLC puede navegar por estos desafíos al tiempo que minimiza su impacto en las operaciones y la reputación de su negocio.

CAPÍTULO 6:
Transición o finalización de su LLC

Cómo ampliar, vender o disolver correctamente una LLC

Cuando se trata del ciclo de vida de una Sociedad de Responsabilidad Limitada (LLC), puede llegar un momento en que decida ampliar, vender o incluso disolver la empresa. Cada uno de estos caminos implica pasos y consideraciones específicos para garantizar que el proceso se ajuste a los requisitos legales y sirva a los intereses de los propietarios de la empresa y las partes interesadas. A continuación le ofrecemos una visión general de cómo afrontar estas importantes transiciones.

Ampliar su LLC

1. **Planificación estratégica:** La expansión puede significar la entrada en nuevos mercados, la ampliación de la línea de productos o la ampliación de las operaciones. Empiece con un estudio de mercado exhaustivo y un plan de negocio claro que describa la estrategia de expansión, las previsiones financieras y los requisitos operativos.

2. **Financiación de la ampliación**: Determine cómo financiará la ampliación. Las opciones pueden incluir la reinversión de los beneficios, la obtención de préstamos, la búsqueda de inversores o la emisión de participaciones de los socios, si así lo permite el contrato de explotación de su LLC.

3. **Cumplimiento legal y normativo**: La expansión, especialmente en nuevas áreas geográficas, puede implicar navegar por entornos legales y normativos adicionales. Esto podría significar registrarse para hacer negocios en nuevos estados, obtener nuevas licencias y permisos, y adherirse a las leyes fiscales locales.

4. **Adaptación del acuerdo de explotación**: A medida que su empresa crece, su Acuerdo Operativo puede necesitar actualizaciones para reflejar nuevas estructuras de gestión, responsabilidades de los miembros y acuerdos financieros.

Vender su LLC

1. **Valoración**: Obtenga una valoración profesional del negocio para determinar un precio de mercado justo para su LLC. Este proceso tendrá en cuenta los activos, los beneficios, la posición en el mercado y el potencial de crecimiento.

2. **Encontrar un comprador:** La venta de una LLC se puede facilitar a través de un agente de negocios, a través de redes personales o consultas directas de las partes interesadas. La confidencialidad es clave hasta que se haga una oferta seria.

3. **Negociación de la venta**: Los términos de la venta incluirán el precio de compra, las condiciones de pago y cualquier contingencia, como la capacidad del comprador para obtener financiación. Será necesario redactar y firmar documentos legales, como un contrato de compraventa.

4. **Implicaciones legales y fiscales**: Consulte con un abogado y un asesor fiscal para entender las implicaciones legales y fiscales de la venta de su LLC, incluyendo cómo manejar los pasivos existentes y el tratamiento fiscal de los ingresos de la venta.

Disolución de su LLC

1. **Voto de los miembros:** Normalmente, la disolución de una LLC requiere una votación o consentimiento de acuerdo con los términos establecidos en el Acuerdo Operativo.

2. **Liquidación de deudas y obligaciones**: Antes de proceder a la disolución, la LLC debe saldar sus deudas con los acreedores y cumplir las obligaciones contractuales pendientes.

3. **Distribución de los activos restantes:** Una vez saldadas las deudas y obligaciones, los activos restantes se distribuyen entre los miembros de acuerdo con el convenio operativo o la ley estatal si el convenio no lo especifica.

4. **Presentación de los artículos de disolución**: Para disolver oficialmente la LLC, debe presentar los Artículos de Disolución (o un documento similar) en el estado donde está registrada su LLC. Esta presentación notifica al estado que su LLC ya no llevará a cabo negocios e inicia el proceso de liquidación.

5. **Notificación a las agencias tributarias y cancelación de licencias**: Informe a Hacienda y a las agencias tributarias estatales de su disolución. Además, cancele cualquier licencia o permiso comercial para asegurarse de no tener que pagar impuestos o tasas en el futuro.

6. **Declaraciones finales de impuestos:** Presente las declaraciones de impuestos finales para su LLC, marcándolas como presentaciones finales, y pague cualquier obligación tributaria pendiente.

Ya se trate de ampliar, vender o disolver una LLC, cada camino requiere una planificación cuidadosa y atención a los detalles legales, financieros y operativos. La contratación de asesores profesionales, como abogados y contables, puede proporcionar una orientación inestimable a través de estos complejos procesos, garantizando el cumplimiento y protegiendo sus intereses a lo largo de la transición.

Planificación de la sucesión de los miembros de una LLC

La planificación de la sucesión es un aspecto crucial de la gestión de una Sociedad de Responsabilidad Limitada (LLC), especialmente para garantizar su longevidad y estabilidad. Este proceso implica prepararse para la futura transferencia de liderazgo y propiedad para mantener la continuidad de la empresa y proteger su valor. Ya sea por jubilación, circunstancias imprevistas o cambios estratégicos, tener un plan de sucesión bien pensado es vital para los miembros de la LLC. A continuación le indicamos cómo abordar la planificación de la sucesión en su LLC.

Establecer un plan de sucesión

1. **Identificar posibles sucesores:** Empiece por identificar a los posibles sucesores para las funciones clave dentro de la LLC. Puede tratarse de miembros actuales, empleados o incluso familiares. Considere sus habilidades, experiencia y compatibilidad con las necesidades futuras de la empresa.

2. **Formación y desarrollo:** Una vez identificados los posibles sucesores, ponga en marcha programas de formación y desarrollo para prepararlos para sus futuras funciones. Esto podría implicar el acompañamiento de los miembros actuales, la asunción de mayores responsabilidades o la formación externa.

3. **Consideraciones jurídicas y financieras:** Revise el acuerdo operativo de la LLC para ver si contiene disposiciones relativas a la sucesión y realice las modificaciones necesarias para facilitar la transición. Esto podría implicar ajustar la estructura de propiedad, los derechos de voto o los acuerdos de reparto de beneficios. Consulte con asesores jurídicos y financieros para abordar las implicaciones fiscales, la valoración de los intereses de propiedad y los mecanismos para transferir la propiedad.

4. **Comunicación:** Comunique el plan de sucesión a las partes interesadas pertinentes, incluidos socios, empleados, clientes y familiares. La transparencia puede ayudar a gestionar las expectativas y reducir la incertidumbre.

Gestionar las transiciones de propiedad y liderazgo

1. **Proceso de transición estructurado:** Desarrollar un proceso estructurado para la transición de la propiedad y las funciones de liderazgo, que incluya plazos, hitos y responsabilidades específicas para todas las partes implicadas.

2. **Documentación:** Asegúrese de que todos los aspectos del plan de sucesión estén documentados, incluidos los acuerdos sobre la transferencia de acciones de propiedad, los cambios en el Acuerdo Operativo y cualquier otro documento legal que rija la transición.

3. **Planificación de contingencias:** La planificación de la sucesión también debe incluir contingencias para acontecimientos inesperados, como la incapacidad repentina o la muerte de un miembro clave. Esto podría implicar acuerdos de compraventa financiados por pólizas de seguro de vida para garantizar que la empresa dispone de los medios para comprar la participación del miembro saliente.

Revisión y actualización periódicas

Un plan de sucesión no es estático; debe revisarse y actualizarse periódicamente para reflejar los cambios en la empresa, sus miembros y las circunstancias externas. Las revisiones periódicas garantizan que el plan siga siendo pertinente y eficaz para alcanzar sus objetivos.

La planificación de la sucesión en una LLC implica considerar detenidamente quién asumirá las funciones clave y cómo se producirá la transición, para garantizar el éxito y la estabilidad duraderos de la empresa. Al planificar con antelación, los miembros de la LLC pueden mitigar los riesgos asociados a las transiciones de liderazgo, salvaguardar el futuro de la empresa y ofrecer claridad y orientación a todas las partes interesadas.

Procesos de liquidación y disolución

Cuando una Sociedad de Responsabilidad Limitada (LLC) decide cesar sus operaciones, debe someterse a un proceso formal de liquidación y disolución. Este proceso garantiza que los asuntos de la LLC concluyan adecuadamente, que se paguen sus deudas y que los activos restantes se distribuyan entre los miembros de acuerdo con el contrato de explotación de la LLC o con la legislación estatal si el contrato no se pronuncia al respecto.

Estos son los pasos clave para liquidar y disolver una LLC:

Paso 1: Decisión de disolverse
- **Voto de los miembros:** Normalmente, la decisión de disolver una LLC requiere el voto de los miembros. Los requisitos específicos de esta votación, como si debe ser unánime, deben indicarse en el acuerdo operativo.

- **Resolución formal**: Una vez tomada la decisión, debe documentarse en una resolución formal o en un consentimiento por escrito.

Paso 2: Presentación de los estatutos de disolución
- **Notificación estatal**: Para iniciar oficialmente el proceso de liquidación, la LLC debe presentar los Artículos de Disolución (o un documento con un nombre similar) en el estado en el que se organizó la LLC. Esta presentación notifica al estado que la LLC tiene la intención de disolverse.

- **Tasa**: Normalmente hay una tasa asociada a la presentación de los Artículos de Disolución.

Paso 3: Notificar a los acreedores y liquidar las deudas

- **Notificación a los acreedores:** La LLC debe notificar su disolución a los acreedores conocidos. Algunos estados exigen la publicación de un aviso público en un periódico para alertar a los posibles reclamantes.

- **Liquidación de reclamaciones:** La LLC debe liquidar, resolver o hacer provisiones para liquidar todas las reclamaciones y deudas. Esto incluye pagar a los acreedores y resolver cualquier disputa legal.

Paso 4: Distribución de los activos restantes

- **Liquidación de activos**: Después de pagar las deudas, los activos restantes de la LLC deben liquidarse, lo que significa que se convierten en efectivo o equivalentes de efectivo.

- **Distribución de activos**: Los activos restantes se distribuyen a los miembros de conformidad con el Acuerdo de Operación o, en ausencia de tales disposiciones, de conformidad con la ley estatal de LLC. Normalmente, las distribuciones se realizan en función de los porcentajes de propiedad de los miembros.

Paso 5: Obligaciones fiscales

- **Declaraciones finales de impuestos**: La LLC debe presentar las declaraciones finales de impuestos federales, estatales y locales. Esto incluye indicar en los formularios de impuestos que estas son las declaraciones finales y pagar cualquier impuesto pendiente adeudado.

- **Formulario 966 del IRS**: Si la LLC ha optado por tributar como una sociedad, también debe presentar el formulario 966 del IRS en el plazo de 30 días desde la adopción de la resolución de disolución.

Paso 6: Cierre de las operaciones comerciales

- **Cancelar licencias y permisos**: Cancele cualquier licencia o permiso comercial que posea la LLC para evitar acumular tasas adicionales.

- **Cierre las cuentas bancarias**: Una vez cumplidas todas las obligaciones financieras y realizadas las distribuciones finales, cierre las cuentas bancarias de la LLC.

Paso 7: Mantener registros

- **Conservación de registros:** Incluso después de la disolución, los antiguos socios o administradores deben conservar los registros de la empresa durante un período, normalmente de al menos siete años, para hacer frente a cualquier reclamación de aparición tardía o a efectos de auditoría fiscal.

El proceso de liquidación y disolución de una LLC se rige por la legislación estatal y puede variar significativamente de una jurisdicción a otra. Es fundamental seguir los procedimientos específicos establecidos en la legislación estatal y en el Acuerdo Operativo de la LLC para garantizar un proceso de disolución fluido y conforme a las normas. Consultar con profesionales jurídicos y financieros puede proporcionar una valiosa orientación y ayudar a evitar escollos durante este complejo proceso.

APÉNDICES
Recursos y contactos específicos de cada Estado

A la hora de gestionar, ampliar o disolver una sociedad de responsabilidad limitada (LLC), es fundamental tener acceso a recursos y contactos fiables específicos de cada estado. Estos recursos proporcionan información vital sobre los requisitos legales, los procedimientos de presentación y las obligaciones de cumplimiento exclusivas de cada estado. Esta es una guía para encontrar y utilizar recursos específicos de cada estado para su LLC.

Sitios web de la Secretaría de Estado

- **Recurso principal**: La oficina del Secretario de Estado de cada estado es el principal recurso para obtener información sobre la constitución, el funcionamiento y la disolución de una LLC. Estos sitios web suelen ofrecer guías detalladas, formularios e información de contacto relevante para las LLC.

- **Servicios en línea**: Muchos sitios web estatales ofrecen servicios de presentación en línea para los artículos de organización, informes anuales y artículos de disolución, entre otros formularios. También pueden ofrecer bases de datos de búsqueda de empresas para comprobar la disponibilidad de nombres.

Agencias tributarias estatales

- **Registro e información fiscal:** Los Departamentos de Hacienda estatales u organismos equivalentes proporcionan información sobre las obligaciones fiscales estatales de las LLC, incluidos los impuestos sobre las ventas, los impuestos sobre los empleadores y los impuestos sobre la renta (si son aplicables en el estado).

- **Portales en línea**: Estas agencias suelen ofrecer portales en línea donde las empresas pueden registrarse para pagar impuestos, presentar declaraciones y pagar los impuestos adeudados.

Recursos empresariales estatales
- **Centros de Desarrollo Empresarial**: Algunos estados ofrecen recursos a través de los Centros de Desarrollo de la Pequeña Empresa (SBDC) u organizaciones similares que proporcionan orientación sobre la puesta en marcha y el crecimiento de un negocio.

- **Guías de cumplimiento**: Busque guías o listas de comprobación sobre el cumplimiento de la normativa empresarial específicas de cada estado que describan los requisitos legales, fiscales y operativos de las LLC.

Asociaciones profesionales y asistencia jurídica
- **Ayuda legal y contable**: Los colegios de abogados y las sociedades contables de los distintos estados pueden ser fuentes para encontrar asesores jurídicos y financieros familiarizados con las leyes empresariales específicas de cada estado.

- **Servicios pro bono**: Algunos estados tienen organizaciones que ofrecen servicios legales pro bono para pequeñas empresas, en particular para cuestiones relacionadas con la formación, los contratos y el cumplimiento.

Agencias sectoriales
- **Licencias y permisos**: Dependiendo de la industria de su LLC, es posible que tenga que interactuar con las juntas estatales de licencias o agencias reguladoras específicas de la industria para obtener los permisos y licencias necesarios.

Redes y grupos de apoyo
- **Redes empresariales locales**: Las Cámaras de Comercio, los grupos industriales y las organizaciones de redes pueden

proporcionar apoyo, asesoramiento y conexiones con recursos locales adaptados a las necesidades de su empresa.

Cómo utilizar estos recursos

1. **Investigación inicial**: Utilice los sitios web estatales y los recursos para la investigación inicial cuando planee formar, ampliar o disolver una LLC. Esto puede ayudarle a comprender los pasos necesarios, las tasas y los requisitos legales.

2. **Cumplimiento y presentación**: Utilice los portales de presentación y pago de impuestos en línea que ofrecen los organismos estatales para mayor comodidad y para garantizar el cumplimiento puntual.

3. **Formación continua**: Participe en talleres, seminarios y seminarios web de organizaciones empresariales estatales y locales que le mantengan informado sobre los cambios en las leyes y las mejores prácticas empresariales.

4. **Asesoramiento profesional**: Para asuntos complejos, especialmente los que implican documentos legales o planificación fiscal, consulte con profesionales que puedan ofrecerle asesoramiento basado en la información más reciente específica del estado.

Mantenerse al día de los requisitos específicos del estado y aprovechar los recursos locales es fundamental para la gestión y el crecimiento satisfactorios de una LLC. Si sabe dónde encontrar información precisa y actualizada, podrá navegar por las complejidades de la propiedad de una empresa con mayor confianza y cumplimiento.

Plantillas y muestras

Tener acceso a plantillas y muestras puede agilizar considerablemente el proceso de gestión de una sociedad de responsabilidad limitada (LLC). Estos recursos tienen un valor incalculable para garantizar que sus documentos sean exhaustivos, sólidos desde el punto de vista jurídico y acordes con las mejores prácticas. He aquí una guía para encontrar plantillas y muestras de algunos de los documentos más importantes de una LLC.

Plantillas de acuerdos de explotación

- **Finalidad**: El acuerdo de funcionamiento es el documento fundamental de una LLC, en el que se describen la estructura de propiedad, las funciones de los miembros, los procesos operativos y los procedimientos para gestionar cambios y disputas.

- **Encontrar plantillas**: A menudo se pueden encontrar plantillas en sitios web de servicios jurídicos, recursos empresariales estatales o consultando a un abogado mercantil. Asegúrese de que las plantillas que utilice se adapten a las necesidades específicas de su empresa y a la legislación de su estado.

Modelos de estatutos

- **Propósito: Los** Artículos de Organización se presentan ante el estado para formar oficialmente su LLC. Este documento suele incluir el nombre de la LLC, la dirección, el propósito, la duración y la información sobre su agente registrado.

- **Ejemplos:** La mayoría de los sitios web de la Secretaría de Estado ofrecen modelos de formularios o plantillas para los estatutos, adaptados a los requisitos de presentación del estado.

Plantillas de actas de reuniones
- **Propósito:** Mantener registros de las reuniones de la LLC (para aquellos que eligen celebrar reuniones formales) es esencial para documentar las decisiones y garantizar el cumplimiento del Acuerdo Operativo y las leyes estatales.

- **Encontrar plantillas**: Los sitios web de recursos empresariales y las suites de software ofimático suelen ofrecer plantillas genéricas de actas de reuniones que pueden adaptarse a las necesidades específicas de su LLC.

Plantillas de documentos financieros
- **Objetivo:** Disponer de registros financieros precisos es crucial para la preparación de impuestos, la planificación financiera y la gestión diaria. Las plantillas de facturas, informes de gastos y estados financieros pueden ayudar a mantener la organización y la coherencia.

- **Encontrar plantillas**: Los paquetes de software financiero suelen incluir diversas plantillas. Además, las organizaciones de contabilidad y los recursos empresariales en línea pueden ofrecer plantillas gratuitas adaptadas a las pequeñas empresas.

Modelos de contrato
- **Propósito:** Los contratos rigen las relaciones y condiciones entre su LLC y sus clientes, proveedores, empleados y socios. Disponer de un conjunto de plantillas de contratos estándar puede ahorrar tiempo y garantizar la coherencia.

- **Encontrar plantillas**: Aunque se pueden encontrar plantillas genéricas de contratos en Internet, es importante que las revise un profesional del derecho para asegurarse de que protegen adecuadamente a su LLC y se adaptan a sus operaciones específicas.

Modelos de documentos de empleo

- **Propósito**: La contratación de empleados implica una cantidad significativa de papeleo, desde ofertas de trabajo y acuerdos de empleo hasta manuales de políticas y evaluaciones de rendimiento.

- **Encontrar plantillas**: Las plantillas para los documentos de empleo pueden encontrarse a menudo a través de organizaciones de recursos humanos, centros de recursos empresariales en línea o sitios web de servicios jurídicos.

Utilización eficaz de plantillas y muestras

- **Personalización**: Personalice siempre las plantillas para adaptarlas a las necesidades específicas de su LLC. Es posible que los documentos genéricos no cubran todos los aspectos de su negocio o no cumplan los requisitos específicos de cada estado.

- **Revisión jurídica**: Especialmente en el caso de documentos como acuerdos operativos, contratos y acuerdos de empleo, contar con un profesional del derecho para que revise sus plantillas personalizadas puede evitar posibles problemas en el futuro.

- **Coherencia**: Utilice plantillas para mantener la coherencia en todos sus documentos empresariales, lo que puede mejorar la profesionalidad y reducir los malentendidos.

Las plantillas y muestras son excelentes puntos de partida para crear los documentos necesarios para formar, operar y administrar su LLC. No obstante, recuerde que se trata de herramientas que le ayudarán en el proceso y que puede ser necesario adaptarlas a las circunstancias específicas de su empresa y a sus requisitos legales.

Glosario de términos

Navegar por las complejidades de la gestión de una Sociedad de Responsabilidad Limitada (LLC) implica comprender una serie de términos especializados. Un glosario puede ser un recurso valioso para aclarar el significado de la terminología jurídica, financiera y empresarial relacionada con las LLC.

A continuación le ofrecemos una visión general de algunos términos esenciales que puede encontrar:

Estatutos

Documento legal formal presentado ante un organismo estatal (normalmente el Secretario de Estado) para constituir oficialmente una LLC. Este documento suele incluir el nombre de la LLC, la dirección principal, la información del agente registrado y, en ocasiones, los nombres de sus miembros.

Acuerdo de explotación

Es un contrato entre los miembros de la LLC que describe las decisiones financieras y funcionales de la empresa, incluidas las normas, reglamentos y disposiciones para el funcionamiento de la empresa. Regula las operaciones internas de la empresa de forma que se adapte a las necesidades específicas de los propietarios.

Miembro

Propietario de una LLC. Los socios tienen derecho a tomar decisiones sobre el funcionamiento de la empresa y a participar en los beneficios.

Director

Una persona (que puede ser un miembro) designada para gestionar las operaciones diarias de la LLC. En una LLC gestionada por un gerente, los miembros no suelen participar en la gestión diaria de la empresa.

Agente registrado
Persona o entidad comercial responsable de recibir documentos legales en nombre de la LLC. El agente registrado debe tener una dirección física en el estado en el que se constituya la LLC y estar disponible durante el horario laboral normal.

EIN (Número de identificación patronal)
También conocido como número de identificación fiscal federal, se utiliza para identificar a una entidad empresarial a efectos fiscales ante el Servicio de Impuestos Internos (IRS). Es necesario para contratar empleados, abrir cuentas bancarias y presentar declaraciones de la renta.

Impuestos indirectos
Una estructura fiscal en la que la propia LLC no paga el impuesto sobre la renta. En su lugar, los beneficios y las pérdidas se transfieren a sus miembros, que declaran estos ingresos en su declaración de la renta personal.

Disolución
El cese formal de las operaciones de una LLC, seguido de la liquidación de sus asuntos, incluido el pago de las deudas y la distribución de los activos restantes entre los miembros.

Informe anual
Documento que se presenta anualmente (o cada dos años, según el estado) ante la agencia estatal y en el que se actualiza la información clave sobre la LLC, como su dirección y los nombres de sus miembros y/o administradores.

Acuerdo de explotación
Documento en el que se describen los procedimientos de gobierno y funcionamiento de la LLC, incluido cómo se toman las decisiones, cómo

se distribuyen los beneficios y las pérdidas, y los procedimientos para añadir y eliminar miembros.

La comprensión de estos términos es crucial para cualquier persona involucrada en la formación, gestión o disolución de una LLC. Este glosario no es exhaustivo, pero cubre algunos de los conceptos fundamentales necesarios para navegar por los aspectos legales y operativos de la gestión de una LLC.

Herramientas y recursos recomendados para gestionar una LLC

La gestión eficaz de una sociedad de responsabilidad limitada (LLC) requiere el conjunto adecuado de herramientas y recursos. Desde la gestión financiera hasta el cumplimiento normativo y la eficiencia operativa, aprovechar la tecnología y el asesoramiento de expertos puede agilizar considerablemente los procesos y mejorar la toma de decisiones. A continuación encontrará una lista de herramientas y recursos recomendados que pueden beneficiar a los propietarios y gestores de LLC.

Herramientas de gestión financiera

- **Software de contabilidad**: Utiliza plataformas como QuickBooks, Xero o FreshBooks para obtener soluciones de contabilidad completas que incluyan facturación, seguimiento de gastos, nóminas y preparación de impuestos.

- **Presupuestos y previsiones**: Herramientas como PlanGuru o Float pueden ayudar a crear proyecciones financieras detalladas y a gestionar el flujo de caja.

Recursos jurídicos y de cumplimiento

- **Servicios de documentos jurídicos:** Plataformas como LegalZoom, Rocket Lawyer y Nolo ofrecen una gama de plantillas de documentos legales, incluidos acuerdos operativos, contratos y formularios de cumplimiento.

- **Servicios de agente registrado:** Empresas como CSC Global e Incfile ofrecen servicios de agente registrado para garantizar que su LLC cumple los requisitos estatales para recibir y gestionar documentos legales.

Herramientas de eficiencia operativa
- **Software de gestión de proyectos:** Herramientas como Asana, Trello y Slack facilitan la gestión de tareas, la colaboración en equipo y la comunicación, manteniendo los proyectos en marcha.

- **Gestión de las relaciones con los clientes (CRM):** Plataformas como Salesforce, HubSpot y Zoho CRM ayudan a gestionar los datos de los clientes, los canales de ventas y las campañas de marketing para mejorar las relaciones con los clientes y los resultados de las ventas.

Marketing y presencia en Internet
- **Creadores de sitios web:** Squarespace, Wix y WordPress ofrecen plataformas fáciles de usar para crear sitios web de aspecto profesional en los que mostrar tu negocio y tus servicios.

- **Herramientas de marketing digital:** Utiliza Google Analytics para obtener información sobre el tráfico web y herramientas SEO como SEMrush o Moz para optimizar tu presencia online. Las plataformas de marketing por correo electrónico, como Mailchimp o Constant Contact, pueden ayudarte con tus campañas de marketing.

Recursos humanos y nóminas
- **Gestión de RRHH:** Plataformas como Gusto, Zenefits y BambooHR ofrecen soluciones para nóminas, administración de beneficios y gestión de RRHH, dirigidas a pequeñas y medianas empresas.

- **Contratación en línea:** LinkedIn, Indeed y Glassdoor pueden ayudar a encontrar y contratar a los mejores talentos, ofreciendo funciones de publicación de ofertas de empleo y búsqueda de candidatos.

Redes y desarrollo profesional
- **Cursos en línea y seminarios web:** Sitios web como Coursera, Udemy y LinkedIn Learning proporcionan acceso a una amplia gama de cursos sobre gestión empresarial, marketing, finanzas y otros temas relevantes.

- **Asociaciones sectoriales:** Formar parte de asociaciones sectoriales puede ofrecer oportunidades para establecer contactos, acceder a recursos y conocer las mejores prácticas y tendencias.

Seguridad de datos y copias de seguridad
- **Herramientas de ciberseguridad:** Invierta en software antivirus, cortafuegos y herramientas de cifrado para proteger los datos empresariales confidenciales. Servicios como Norton, McAfee y Kaspersky ofrecen soluciones de seguridad completas.

- **Almacenamiento en la nube y copias de seguridad:** Plataformas como Google Drive, Dropbox y Microsoft OneDrive garantizan que los datos de tu empresa estén respaldados de forma segura y sean accesibles desde cualquier lugar.

La utilización de estas herramientas y recursos puede ayudar a los propietarios y gestores de LLC a navegar con eficacia por las complejidades de las operaciones empresariales, cumplir los requisitos legales e impulsar el crecimiento y la rentabilidad. Es importante evaluar las necesidades específicas de su negocio y llevar a cabo una investigación exhaustiva antes de adoptar nuevas herramientas o servicios.

CONCLUSIÓN
Recapitulación de la importancia de las LLC
Las Sociedades de Responsabilidad Limitada (LLC) representan una opción popular para empresarios y propietarios de negocios debido a su combinación única de flexibilidad, protección y ventajas fiscales. Esta completa guía tiene por objeto desmitificar el proceso de constitución, gestión y navegación por el ciclo de vida de una LLC, proporcionándole las herramientas y los conocimientos necesarios para establecer y hacer crecer su negocio con confianza.

Las LLC destacan por varias razones:
- **Protección de responsabilidad limitada:** Quizás la característica más convincente, protege los activos personales de las deudas y responsabilidades de la empresa. Los socios no son personalmente responsables de las cargas financieras de la empresa, lo que ofrece tranquilidad y fomenta la seguridad financiera.

- **Flexibilidad fiscal**: Las LLC se benefician por defecto de la tributación de transferencia, lo que significa que los beneficios se gravan una sola vez, a nivel de los miembros, evitando la doble imposición que suele asociarse a las sociedades. Además, las LLC tienen la opción de elegir el tratamiento fiscal corporativo si resulta más ventajoso.

- **Flexibilidad operativa**: A diferencia de las sociedades anónimas, que están sujetas a estrictos requisitos en cuanto a estructura del consejo, reuniones y mantenimiento de registros, las LLC ofrecen flexibilidad operativa. Esto permite a los socios adaptar la gestión y las operaciones de la empresa a sus necesidades específicas.

- **Credibilidad:** La constitución de una LLC puede mejorar la credibilidad de una empresa ante clientes, proveedores y posibles inversores. El compromiso formal con la estructura empresarial suele ser señal de un esfuerzo serio y a largo plazo.

- **Potencial de crecimiento y financiación:** Las LLC ofrecen una forma estructurada de incorporar nuevos miembros o inversores, lo que facilita el crecimiento. También pueden aprovechar diversas opciones de financiación para financiar la expansión, como préstamos, inversiones y reinversión de beneficios.

Al embarcarse o continuar su viaje con una LLC, recuerde que el éxito de su negocio depende no sólo de la comprensión de estos beneficios fundamentales, sino también de una gestión eficaz, la planificación estratégica y el cumplimiento continuo. La naturaleza dinámica de las LLC significa que pueden adaptarse a las necesidades cambiantes de su negocio, proporcionando un marco sólido para el crecimiento y el éxito en el competitivo panorama empresarial.

Para terminar, tanto si está pensando en constituir una LLC como si ya está operando una, esta guía subraya la importancia de mantenerse informado, proactivo y estratégico en su enfoque de la gestión empresarial. Al aprovechar las ventajas únicas de la estructura de la LLC, puede posicionar su negocio para el éxito al tiempo que mitiga los riesgos y maximiza las oportunidades.

Ánimo para dar el salto con confianza

Entrar en el mundo de los negocios constituyendo o gestionando una Sociedad de Responsabilidad Limitada (LLC) es a la vez una aventura apasionante y un compromiso importante. Este viaje, aunque lleno de retos, también ofrece oportunidades inigualables de crecimiento, aprendizaje y logros. Cuando se encuentre en el umbral de este camino, o quizás cuando navegue por sus vericuetos, deje que esta guía le sirva de faro y de testimonio del potencial que le aguarda.

El proceso de creación y gestión de una LLC, tal y como se detalla en este manual, subraya un mensaje clave: con los conocimientos, las herramientas y la mentalidad adecuados, puede lanzar y hacer crecer su negocio con éxito. La estructura única de una LLC no sólo proporciona un velo protector para sus activos personales, sino que también otorga la flexibilidad necesaria para adaptarse y prosperar en un panorama empresarial en constante cambio.

Esta combinación es un poderoso aliado en la consecución de sus sueños empresariales.

He aquí un estímulo para dar ese salto:

- **Crea en su visión:** Todo negocio de éxito empezó como una idea en la mente de alguien. Confíe en su visión y en su capacidad para hacerla realidad. Su pasión, combinada con los pasos prácticos descritos en esta guía, puede transformar su visión en realidad.

- **Aproveche la flexibilidad de las LLC:** Aproveche la flexibilidad operativa y las ventajas fiscales de la estructura de las LLC. Esta adaptabilidad puede ser un activo importante a medida que navega por las complejidades de la propiedad de un negocio.

- **Busque conocimientos y asesoramiento:** No dude nunca en buscar más conocimientos y asesoramiento profesional. El panorama empresarial es vasto y complejo, pero hay innumerables recursos disponibles para orientarte, desde recursos específicos para cada estado hasta expertos del sector.

- **Construye una red de apoyo:** Rodéate de mentores, compañeros y profesionales que puedan ofrecerte apoyo, consejo y ánimo. El viaje de la iniciativa empresarial se enriquece con las relaciones que se establecen en el camino.

- **Acepte los retos como oportunidades:** Cada reto representa una oportunidad de crecimiento. Enfréntate a los obstáculos con resiliencia y mentalidad resolutiva. Las lecciones que se aprenden superando las dificultades tienen un valor incalculable.

A medida que avance, recuerde que la gestión de una LLC es un maratón, no una carrera de velocidad. Requiere paciencia, persistencia y voluntad de aprender y adaptarse. Pero con cada paso, no solo construirás un negocio, sino un legado de innovación, compromiso y éxito.

Dé el salto con confianza, respaldado por el conocimiento de que tiene una base sólida para navegar por las aguas de la propiedad empresarial. Su viaje empresarial es una aventura audaz, y el mundo espera las contribuciones únicas de su LLC.

Consejos finales y buenas prácticas

Embarcarse en el viaje de formar y gestionar una Sociedad de Responsabilidad Limitada (LLC) es una empresa importante, llena de oportunidades de crecimiento y éxito. Mientras navega por este camino, tenga en cuenta algunos consejos finales y las mejores prácticas que pueden ayudarle a garantizar un viaje sin problemas y la prosperidad a largo plazo de su negocio. He aquí algunas ideas para seguir adelante:

Manténgase informado

- **Cambios legales y fiscales:** La legislación mercantil y la normativa fiscal pueden evolucionar. Manténgase al día de cualquier cambio que pueda afectar a su LLC para garantizar el cumplimiento y optimizar su estrategia fiscal.

Mantener registros con diligencia

- **Documentación:** Mantenga registros meticulosos de todas las transacciones comerciales, documentos legales y comunicaciones. Esta práctica no solo ayuda en la gestión financiera y la protección jurídica, sino que también simplifica la presentación y el cumplimiento de las obligaciones fiscales.

Priorizar la transparencia y la comunicación

- **Con socios y empleados:** Fomente un entorno de transparencia y comunicación abierta dentro de su LLC. Este enfoque genera confianza, ayuda a resolver conflictos y garantiza que todas las partes interesadas estén alineadas con los objetivos de la empresa.

Planificar el futuro

- **Planificación de la sucesión:** No espere a una emergencia para pensar en la planificación de la sucesión. Planificar de forma proactiva las futuras transiciones de liderazgo y propiedad salvaguarda la continuidad y estabilidad de su empresa.

Aprovechar la tecnología

- **Automatización y eficiencia:** Utilice la tecnología para automatizar procesos y mejorar la eficiencia operativa. Desde el software de contabilidad hasta las herramientas de gestión de proyectos, la tecnología puede agilizar las operaciones y liberar tiempo para la planificación estratégica.

Cultivar una red sólida

- **Red de contactos profesionales:** Entablar relaciones con otros empresarios, profesionales del sector y asesores puede aportar información valiosa, oportunidades de colaboración y apoyo. Considera la posibilidad de unirte a asociaciones relevantes, asistir a eventos del sector y participar en foros online.

Centrarse en la satisfacción del cliente
- **Feedback y adaptación:** Escuche a sus clientes y esté dispuesto a adaptarse en función de sus comentarios. Los clientes satisfechos son más propensos a volver y a recomendar su negocio a otras personas.

Adoptar el aprendizaje continuo
- **Formación y perfeccionamiento:** El mundo de los negocios cambia constantemente. Comprométase con el aprendizaje permanente y la mejora continua, tanto para usted como para su empresa. Mantente curioso y abierto a nuevas ideas e innovaciones.

Busque asesoramiento profesional
- **Orientación jurídica y financiera:** No dudes en consultar a profesionales jurídicos y financieros cuando sea necesario. El asesoramiento de expertos puede evitar errores costosos y aportar tranquilidad.

La constitución y gestión de una LLC ofrece un camino gratificante hacia la iniciativa empresarial, ya que combina la protección de los activos personales con la flexibilidad y las ventajas fiscales de una entidad canalizadora. Si sigue estos últimos consejos y buenas prácticas, no sólo estará asegurando los cimientos de su empresa, sino también allanando el camino para su crecimiento, resistencia y éxito. Recuerde que el viaje de la iniciativa empresarial es un viaje de evolución y aprendizaje. Cada reto y cada éxito aportan valiosas lecciones que contribuyen a la historia de tu empresa.

www.ingramcontent.com/pod-product-compliance
Lightning Source LLC
Chambersburg PA
CBHW070145230526
45471CB00002B/520